Zen

Zen

für den täglichen Gebrauch

GONDROM

Bloß nicht zu viel reden!

Es ist ungefähr 14 Jahrhunderte her, als ein indischer Weiser namens Bodhidharma nach China kam. Er war der letzte der von Buddha erleuchteten Lehrer, und man verehrte ihn als 28. Patriarchen des Buddhismus. Doch irgendwie war er anders als die übrigen Lehrmeister: direkter, schonungsloser, und sein Blick war stets auf den Kern des Buddha-Weges gerichtet. Er fand deswegen zunächst auch keine Schüler, so dass er sich neun Jahre lang in eine Höhle zurückzog, um sich dort, mit dem Gesicht zur Wand, der Meditation zu widmen: die Geburtsstunde des chinesischen Ch'an, was so viel bedeutet wie Meditation und später unter dem japanischen Begriff »Zen« weltweite Berühmtheit erlangen sollte.

Kein Mensch kann heute beurteilen, ob diese Geschichte wirklich stimmt oder nur eine, die erste aller Zen-Legenden ist. Doch all das passt zum Zen. Wer sich mit seinen Lehrern und deren Sprüchen beschäftigt, weiß am Ende oft nicht, was sie eigentlich bezwecken. Doch gerade das ist durchaus im Sinne von Zen, das keine Religion und keine Philosophie sein, uns kein abgeschlossenes Denksystem vorsetzen will. Wer das Wesen von Zen erkennen will, darf nicht irgendwelchen Worten, Begriffen oder Verhaltensrichtlinien folgen, er muss sich ganz auf die Zen-Erfahrung einlassen. Oder anders ausgedrückt: Man kann Zen nicht erlernen, man muss es erleben, weswegen denn auch dieses Buch kein Lehrbuch des Zen sein kann. Es ist eine Sammlung von Legenden, Sprüchen und Begebenheiten, die unserem Geist, sofern wir uns darauf einlassen, wertvolle Impulse geben können. Sie regen zum Staunen, Wundern, Kopfnicken, Kopfschütteln und oft auch zum Lachen an, und das ist gut so. Doch den Weg des Buddha, lieber Leser, können sie nicht weisen – den müssen Sie ganz für sich selbst finden.

Pflege die Schlichtheit!

Wenn man zur allerhöchsten Erkenntnis gelangen will, sollte man Anfänger nicht gering schätzen. Denn die Geringsten besitzen mitunter die höchste Weisheit, während die Höchsten oft eine Weisheit mit einem blinden Fleck besitzen.

Hui Neng

Zen-Meister betonen immer wieder, dass man, um Buddha – sprich: die Erleuchtung – zu finden, keine großen Vorkenntnisse benötigt. Mitunter sind Vorkenntnisse sogar hinderlich. Denn im Zen geht es ja darum, dass eigene Ich »sterben« zu lassen, mithin all das, was uns auf bestimmte Attribute oder Funktionen festlegt, hinter uns zu lassen. Das fällt uns umso leichter, je weniger wir wissen.

Nichtsdestoweniger sollte man nicht davon ausgehen, dass man den Buddha ohne Vorbereitung treffen kann. Denn Zen ist Übungssache. Man kann es erfahren, ohne ein einziges Buch zu lesen, doch man muss es letzten Endes schon irgendwie erfahren.

Der Große Weg an sich
ist ruhig und weit –
weder leicht
noch schwer.
Kleinliches Denken
führt zu Zweifel und Zaudern;
je mehr man eilt,
desto mehr bleibt man zurück.

SENG TS'AN

Zen selbst bietet eine Geschichte, die verdeutlicht, was gemeint ist. Stellen Sie sich vor, Sie stehen barfuß mitten auf einer Straße, die überall mit spitzen Scherben übersät ist. Leider führt diese Straße genau dorthin, wo Sie etwas Wichtiges zu erledigen haben – Sie müssen sich also etwas zu Ihrem Barfuß-Scherben-Problem einfallen lassen. Da kommt irgendjemand vorbei und sagt Ihnen, dass er Ihnen massenweise dickes Leder zur Verfügung stellen könnte. Und Sie haben nun zwei Möglichkeiten: nämlich die ganze Straße mit Leder zu überziehen oder aber sich aus bedeutend weniger Ledermaterial ein Paar Schuhe anzufertigen. Was werden Sie tun? »Natürlich«, werden Sie sagen, »ich wähle die leichtere Alternative, mache mir lieber ein Paar Schuhe, anstatt die ganze Straße mit Leder auszukleiden. Ich bin doch nicht blöd.«

Tatsache ist jedoch, dass wir im Alltag oft genau das andere tun. Wir beklagen nämlich, wie schlecht es uns geht, jammern über unseren Chef und unsere Angestellten, über die miese Stimmung am Arbeitsplatz und den niedrigen Lohn. Als Konsequenz fangen wir an, uns zu beschweren oder die Wesen um uns zu manipulieren, oder aber unseren Frust in uns hineinzufressen. All das bringt nichts als Ärger und Unannehmlichkeiten, möglicherweise macht es uns sogar krank. Und warum? Weil wir versucht haben, die Straße mit Leder zu überziehen, anstatt uns ein Paar Lederschuhe anzufertigen.

So ist es also das Schwierigste für euch, immer den Anfänger-Geist zu wahren. Es ist nicht nötig, ein tiefes Verständnis von Zen zu haben. Selbst wenn ihr viel Zen-Literatur lest, müsst ihr jeden Satz mit dem ursprünglichen Geist lesen. Ihr sollt nicht sagen: »Ich weiß, was Zen ist« oder »Ich habe die Erleuchtung gewonnen«. Dies ist auch das eigentliche Geheimnis der Künste: immer ein Anfänger zu sein. Wenn ihr beginnt, Zen zu praktizieren, dann lernt ihr, Euren Anfänger-Geist zu schätzen. Das ist das Geheimnis von Zen.

Shunryu Suzuki

Wer sich mit Zen auseinander setzt, wird nicht zum Spezialisten, der viel weiß, sondern zu einem Geübten, der sich die Anfängerhaltung bewahrt hat. Der japanische Zen-Lehrer Suzuki betont immer wieder, wie wichtig es ist, sich den Anfänger-Geist zu bewahren. Denn dort gibt es keine stolzen Gedanken wie »Ich habe etwas erreicht«. Wer von solchen Gedanken getrieben wird, begrenzt nur sein Bewusstsein, er nimmt ihm die Möglichkeit, sich wirklich frei zu entfalten.

Nach einer langen Unterhaltung bat Lung T'an seinen Schüler Te Shan, schlafen zu gehen. Dieser ging auch in die Nacht hinaus, doch kehrte er schon bald in die Zelle seines Meisters zurück und bat ihn um eine Kerze. Daraufhin hielt Lung T'an seinem Schüler eine brennende Kerze hin. Doch als sich Te Shan anschickte, den Raum zu verlassen, blies der Meister die Kerze einfach aus. Te Shan verstand.

ZEN-LEGENDE

Ein typisches Zen-Gleichnis. Man wartet auf den großen Aha-Effekt, doch es kommt nur ein kurzer Satz: »Te Shan verstand.« Und was hat er verstanden? Dass man niemandem trauen darf, auch seinem Meister nicht? Dass Feuer vergänglich ist? Nein. Der Meister wollte seinen Schüler vielmehr darauf hinweisen, dass es nicht unbedingt nötig ist, im Hellen zu sein, um sehen zu können. Dass es illusorisch ist, die Erkenntnis (den Weg durch die Nacht) mit Hilfe des Verstandes (der Kerze) zu suchen. Te Shan braucht keine Kerze, um sich in einer Welt zurechtzufinden, die mit seinem eigenen undifferenzierten Wesen identisch ist.

Viele Worte,
viele Gedanken –
je mehr es sind,
desto weniger entsprechen sie.

Seng Ts'an

Leben im Geiste von Zen heißt, sich stets die Frage zu stellen: »Ist das, was ich sagen möchte, wirklich hilfreicher als mein Schweigen?« Bei näherer Betrachtung muss diese Frage wohl meistens mit einem klaren »Nein!« beantwortet werden, denn je mehr Worte, desto höher die Wahrscheinlichkeit, dass die Wahrheit darunter erdrückt wird. Dies gilt vor allem, wenn über Dritte geredet wird: Abgesehen von den seltenen Gelegenheiten, wo es vielleicht wichtig ist, Wunsch oder Not eines anderen zu übermitteln, ist Klatsch überflüssig. Wer geringschätzig über einen Dritten spricht, lädt den Zuhörer dazu ein, ebenfalls geringschätzig über jenen Dritten zu denken. Und wenn man über einen Dritten voller Bewunderung spricht, gibt das dem Zuhörer das Gefühl, unwichtig zu sein. Irgendeiner wird also stets niedergemacht, wenn geklatscht wird. Also was soll das Ganze dann überhaupt?

Was ist Buddhismus? Es ist wie mit dem Mann, der mit den Zähnen an einem Ast hängt, unter ihm der Abgrund, und er kann mit seinen Händen und Füßen keinen Zweig erreichen. Angenommen, jemand fragte ihn nun: »Was ist Buddhismus?« Ein echtes Dilemma. Denn wenn der Mann am Ast nicht antwortet, handelt er gegen den Wunsch des Fragestellers. Und wenn er antwortet, wird er sich zu Tode stürzen. Wie soll er also in diesem Moment antworten?

KYOGEN

Es ist schon merkwürdig, dass von Christentum und Islam die Rede ist, bei der Buddha-Gemeinschaft jedoch von einem »Ismus«, vom Buddhismus. So ähnlich wie von Kommunismus, Kapitalismus und Rheumatismus gesprochen wird. Wahrscheinlich liegt es daran, dass die Buddha-Philosophie keinen Gott in ihrem Zentrum hat und man sich daher bemüßigt sah, ihn von klassischen Religionen abzugrenzen. Das hat jedoch dazu geführt, dass immer wieder nach dem Wesen des Buddha-Weges gefragt wird.

Es sind die Lehrer des Zen, die sich am energischsten gegen diese Frage aufgelehnt haben. Für sie ist sie sinnlos, was das Mann-über-dem-Abgrund-Gleichnis vor Augen führt. Denn sofern ich die Frage beantworte, habe ich den Weg des Buddha verlassen, weil der sich nicht in Worte fassen, sondern nur unmittelbar (im eigentlichen Sinne von unvermittelbar) erleben lässt. Und sofern ich die Frage nicht beantworte, erscheine ich unhöflich. Zen-Lehrer wählen freilich lieber die letzte Alternative, und deswegen erscheinen sie mitunter als unhöflich und grob. Doch man sollte sich davon nicht abschrecken lassen – denn die Wahrheit klingt eben nicht immer angenehm.

善

Es ist rätselhaft, dass Menschen, die keinerlei Erleuchtungserfahrung gemacht haben, die Erleuchtung als etwas Wunderbares betrachten. Finden sie jedoch zur Erleuchtung, dann ist sie nichts. Verstehen Sie? Für eine Mutter ist es nichts Besonderes, Kinder zu haben.

Shunryu Suzuki

Was uns am meisten hindert, den Weg des Buddha zu bestreiten, ist, dass wir zu viele Erwartungen in diesen Weg setzen. Und dass wir glauben, auf diesem Weg Erhabenheit erlangen zu können. Dabei ist Erhabenheit Lichtjahre von dem entfernt, was – gemäß Zen – wirklich den Kern des Buddhismus ausmacht, nämlich das Nicht-Anhaften, das Hinnehmen der Welt so wie sie ist, ohne sie besitzen oder anderweitig beherrschen zu wollen. Dazu passt die folgende Geschichte aus dem Zen-Legendenschatz:

Der Buddha soll derzeit bei seiner Geburt ausgerufen haben: »Über den Himmeln, unter den Himmeln bin ich allein erhaben.« Meister Yün Men sagte dazu: »Wäre ich dabei gewesen, ich hätte ihn mit einem Schlag getötet und den Hunden vorgeworfen.«

Wie man sieht, gehen Zen-Meister in ihren Ansichten nicht unbedingt zimperlich vor.

Im Zen ist kein Platz für besondere Anstrengungen.
Seid ganz gewöhnlich und unspektakulär.
Esst, trinkt, dann entleert euch, und wenn ihr müde seid, geht schlafen.
Narren werden lachhaft finden, was ich sage.
Doch der Weise versteht.

Lin Tsi

Buddha selbst hat immer großen Wert darauf gelegt, dass ihm nicht an der Unterdrückung der natürlichen Triebe gelegen sei. Er hielt nichts von bedingungslosen Askesen und übermenschlichen Anstrengungen, wie sie gerade zu seiner Zeit in den Religionen üblich waren; er selbst war ja bei einer Hungerkur, die er noch vor seiner Erleuchtung gemacht hatte, beinahe ums Leben gekommen.

In diesem Sinne heißt auch Zen keineswegs, dass wir unsere eigene Natur unterdrücken sollen. Wir können weiterhin essen, trinken, uns lieben und auch Spaß daran haben, doch wir dürfen uns nicht davon abhängig machen, oder – wie es im Zen-Sprachgebrauch heißt – nicht daran anhaften. Doch das ist gerade das Schwierige: Spaß an etwas haben und trotzdem darauf verzichten zu können. Der Zivilisationsmensch der Gegenwart macht es nämlich meistens genau umgekehrt: Er hat an nichts richtig Spaß mehr, und doch kann er nicht darauf verzichten. Allein an diesem Gegensatz sieht man, warum Zen manchmal so entsetzlich trivial klingt (»Esst, trinkt, dann entleert euch!«) – und trotzdem so unerreichbar scheint.

Das wahre Wunder besteht nicht darin, in der Luft zu schweben oder auf dem Wasser zu wandeln, sondern darin, auf der Erde zu gehen.

Lin Tsi

Um Zen verstehen zu können, ist es notwendig, seine Einfachheit – die mitunter auch beunruhigend wirkt – ganz in sich aufzunehmen. Der Zen-Buddhismus hat nichts mit den Äußerlichkeiten zu schaffen, an die sich Religionen für gewöhnlich klammern, und auch nicht mit Wundern und Visionen. Was für es zählt, ist das ursprüngliche Leben des Menschen – und das, was er unmittelbar in sich erlebt.

Wir sind wie einer im Wasser,
der sich beklagt,
er habe nichts zu trinken.

Hsüeh Feng

Wir neigen dazu, uns zu beklagen, und wenn wir klagen, dann tun wir es meistens über andere. Wir bejammern, was die Umwelt und die Mitmenschen uns angetan haben – und immer noch antun, so dass wir kaum eine Chance haben, an unserem Leben etwas zum Positiven zu verändern.

Tatsache ist, dass die Ursachen für unsere angeblich so miserable Situation nur selten in unserer Umgebung zu finden sind, sondern in uns. Selbst wenn wir durch einen Hörsturz eines unserer Ohren »verlieren« oder nach einer Kündigungswelle plötzlich ohne Arbeit dastehen – auch schlimme Unfälle und Schicksalsschläge werden erst dann wirklich schlimm, wenn sie als schlimm erlebt werden, wenn sie von uns mit dem Stigma der Katastrophe versehen werden. Es ist daher nur logisch und naheliegend, an unserer Einstellung zu den Situationen zu arbeiten, und nicht an den Situationen selbst, die ja ohnehin nicht zu ändern sind. Doch die meisten Menschen machen es genau anders herum – und dann leiden sie an Durst, obwohl sie mitten im Wasser stehen.

禪

Zen bekundet sich im uninteressanten und ereignisarmen Leben des einfachen Mannes auf der Straße, wenn man das Lebendigsein selbst inmitten des gelebten Lebens erkennt.

Daisetz Teitaro Suzuki

Man braucht keine Mönchskutte, um Zen leben zu können. Und auch keinen kahl geschorenen Kopf. Es ist auch nicht notwendig, stundenlang im Lotossitz zu verharren und dabei den Meniskus im Kniegelenk zu verlieren. Denn Zen ist nichts Besonderes. Es ist einfach das Leben selbst. Hüten Sie sich davor, Zen als einen Weg zu mehr Erhabenheit zu verstehen. Denn sein Wesen besteht nicht darin, uns zu erheben, sondern uns Geborgenheit und Frieden im Hier und Jetzt zu verschaffen, mag dieses Jetzt auf den Betrachter auch noch so trivial und langweilig wirken.

Übrigens: Auch wenn Meister Suzuki vom »Mann auf der Straße« redet – Zen ist natürlich auch für die »Frau auf der Straße« gedacht.

Benehmt euch so normal wie möglich, nicht so geziert!
Sei dein eigener Herr, wo immer du auch bist, und sofort wirst du ein wahrer Mensch sein!
Der wahre Mensch ist von Äußerlichkeiten unabhängig.

Lin Tsi

Am Ende des Zen-Weges steht der wahre Mensch. Wobei Zen keinesfalls konkret vorgibt, wie dieser Mensch auszusehen hat. Dafür haben Zen-Buddhisten konkrete Vorstellungen von dem, was wir hinter uns lassen müssen, um in uns die Chance zur Wahrhaftigkeit lebendig zu halten: nämlich das Anhaften an eitlen Äußerlichkeiten. Und dazu gibt uns Lin Tsi gleich noch eine schöne Geschichte mit auf den Weg:

Eines Tages wurde der Zen-Meister Keichu von einem Präfekten namens Kitagaki zu einer privaten Unterredung gebeten. Zu diesem Zweck ließ Kitagaki dem Meister seine Visitenkarte überreichen, auf der natürlich auch der Präfektentitel prangte. Keichu ließ daraufhin wissen, dass er mit solchen Menschen nichts zu tun haben wolle. Worauf Kitagaki den Titel auf der Visitenkarte durchstrich und die Karte noch einmal überreichen ließ. Und sogleich rief Keichu voller Entzücken aus: »Oh, es ist Kitagaki! Nur herein mit ihm!«

Wenn wir ehrlich sind, verfahren wir doch meistens genau andersherum als Meister Keichu. Oder fühlen wir uns nicht geschmeichelt, wenn uns ein hohes Tier die Aufwartung macht?

Verzicht heißt nicht,
die Dinge dieser Welt aufzugeben,
sondern zu akzeptieren,
dass sie dahingehen.

SUZUKI ROSHI

Unter den Buddhisten finden sich so mächtige und reiche Persönlichkeiten wie Tina Turner und Richard Gere, und in japanischen Spitzenunternehmen gehört das Zen zur Firmenphilosophie. Das wirkt natürlich zu den bekannten Kahlköpfen der buddhistischen Klöster wie ein Widerspruch. Ist es aber nicht! Denn im Buddha-Sinne ist es kein Verbrechen, Geld und Macht zu besitzen, wohl aber, an diesen Dingen zu klammern und sie mit allen Mitteln zu verteidigen. Nicht das zwanghafte Befreien vom Besitz macht den Weg des Buddha aus, sondern die jederzeitige Fähigkeit, sich davon lösen zu können.

Nicht die Ziele, die wir uns setzen, sind das Problem, sondern die Art, wie wir damit umgehen. Wir müssen uns Ziele setzen. So planen Eltern natürlich voraus, um die Ausbildung ihrer Kinder sichern zu können. Menschen, die von Natur aus begabt sind, haben vielleicht das Ziel, diese Begabung weiterzuentwickeln. Es gehört zum Menschen, Ziele zu haben. Die Probleme entstehen erst dadurch, wie wir damit umgehen.

Charlotte Joko Beck

Buddhisten haben oft immer noch das Image, dass sie jeglichen Drang zur Leistung und jeglichen Drang zum Erfüllen von Zielen ablehnen würden. Das ist jedoch falsch. Denn es ist natürlich nichts Schlimmes daran, Ziele zu haben, aber es ist ein Fehler, sich an ihre Erfüllung zu klammern. Tun Sie einfach, was notwendig ist, um Ihr Ziel zu erreichen! Besuchen Sie Kurse, um Ihre Ausbildung abzuschließen. Einen nach dem anderen, so viel, wie es notwendig ist. Und irgendwann werden Sie dann den Abschluss haben. Wenn aber Ihr Geist restlos von einem Ziel eingenommen wird und Sie die Gegenwart vernachlässigen, wenn das ganz Wohl und Wehe Ihres Daseins vom Erreichen dieses Ziels abhängt, werden Sie wahrscheinlich scheitern. Sie werden nicht nur das Ziel verpassen, sondern auch insgesamt im Leben stagnieren – und Sie werden vermutlich, und das ist das Schlimmste, nicht nur sich, sondern auch andere Menschen damit unglücklich machen.

Gehe deinen Weg!

Man gehe aufrecht, weder mit gesenktem noch mit zum Himmel gestrecktem Kopf, schaue sich nicht unruhig um, runzle nicht die Stirn, ziehe nicht die Brauen zusammen. Man schließe ein wenig die Lider, damit man nicht zwinkern muss. Man schiebe das Kinn ein wenig vor und bewahre einen gelassenen Gesichtsausdruck, halte Kopf und Hals gerade und lasse die Kraft des Nackens über die Schultern in den ganzen Körper ausstrahlen. Man senke die Schultern, strecke das Rückgrat, kneife das Gesäß zusammen, spanne Beine und Bauch an, damit man nicht in der Hüfte nach vorn knickt.

Miyamoto Musashi,
Anweisung für die Körperhaltung eines Samurai

Möglicherweise wirkt die geschilderte Körperhaltung auf Sie ein wenig gekünstelt und steif, doch bevor Sie sie in die allzu schnell in die Samurai-Ecke schieben, sollten Sie sich zwei Dinge überlegen:

Erstens verraten Sie mit Ihrer Körperhaltung Ihrem Gegenüber sehr viel über Ihre Geisteshaltung. Und da wirkt ein aufrechter Samurai gegenüber einem gekrümmten und vom Stress verkrampften »Drehstuhlpiloten« doch ganz anders, oder?

Zweites müssen Sie nicht die Körperhaltung im Detail übernehmen, denn Sie wollen ja auch nicht in den Schwertkampf gehen. Doch es kann nicht schaden, Kopf und Hals gerade zu lassen und die Kraft des Nackens über die Schultern in den ganzen Körper ausstrahlen zu lassen. In jedem Falle ist es gesünder, als den Kopf in vorgestreckter »Hühnchen-Pick«-Stellung zu halten und die Schultern verspannt nach vorne zu drücken, wie wir es in der Regel vor dem Computerbildschirm praktizieren.

Versucht, immer die richtige Haltung zu bewahren. Nicht nur, wenn ihr meditiert, sondern auch in allen anderen Tätigkeiten. Nehmt die richtige Haltung ein , wenn ihr mit dem Wagen fahrt und wenn ihr lest. Wenn ihr in einer nachlässigen Haltung lest, könnt ihr nicht lange wach bleiben. Versucht es einmal! ihr werdet sehen, wie wichtig es ist, die richtige Haltung zu wahren. Das ist die wahre Lehre des Zen.

Shunryu Suzuki

Ein Zitat, das dem Zen fast den Charakter einer Rückenschule verpasst. Dem ist natürlich nicht so. Nichtsdestoweniger gilt es zu beachten: Zen ist eine besondere Art der Lebenshaltung, und diese gilt es nicht nur geistig, sondern auch körperlich zu manifestieren. Weswegen Zen-Lehrer auch größte Aufmerksamkeit auf die Körperhaltung beim Meditieren legen: im Lotos-Sitz, linker Fuß auf rechtem Oberschenkel; rechter Fuß auf linkem Oberschenkel – um auf diese Weise die essenzielle »Einheit der Zweiheit« zum Ausdruck zu bringen.

Wer sich am Ufer herumdrückt und überlegt und überlegt, wie er nun ins Wasser springen soll, um dann mal einen Zeh hineinzuhalten und sich auszumalen, wie das wohl sein wird, wenn er ganz drinnen ist – der wird sich bald daran gewöhnen, die Sache lieber ganz zu lassen. Der Zen-Schüler muss still zum Wasser gehen und sich ruhig hineingleiten lassen, ohne Umschweife, ohne Spekulationen über das, was ihn erwartet, aufkommen zu lassen oder Gründe zu erklügeln, weshalb er vielleicht doch nicht gleich hineingehen sollte.

ALAN WATTS

Es gehört zu den Merkmalen unserer kapitalistischen Welt, dass irgendwie »alles im Angebot« ist. Es gibt praktisch nichts, was man sich nicht besorgen könnte, und das gilt auch für Philosophien, Religionen und andere Arten der Weltanschauung. Man kann sich dann ein bisschen aus dem Christentum bedienen, ein wenig von den indianischen Schamamen übernehmen und schließlich auch das eine oder andere vom Zen übernehmen. Nun gehört der Zen glücklicherweise zu den Philosophien, die keinen Ausschließlichkeitsanspruch vertreten. Doch wenn man sich bloß ein wenig auf Zen einlässt, muss man sich schon die Frage gefallen lassen, warum das so ist. Weil man ängstlich ist? Oder weil man faul ist? Oder weil man nicht von anderen Arten der Weltanschauung lassen, sich gewissermaßen religiös nach allen Seiten absichern will? Wenn dem so ist, wird die Beschäftigung mit Zen kaum Erfolg haben. Sie wird allerdings auch keinen Erfolg haben, wenn man sich schon nach kurzer Beschäftigung wie der Zen-Meister schlechthin verhält. Denn auch wenn die Erleuchtung mitunter plötzlich kommt – der Weg dazu ist in der Regel länger, als man meint.

*Wenn ihr außerhalb eurer selbst nach dem Buddha-Weg sucht,
ist es, als setzt ihr euch einen Teufel auf den Kopf.*

Eihei Dogen

Das Zitat besagt, dass es sinnlos ist, außerhalb unserer selbst nach Frieden und Glück zu suchen. Und deshalb müssen wir uns stets überprüfen, wonach wir suchen. Was suchen wir außerhalb unserer selbst? Was glauben wir, könnte uns etwas geben? Ein Karrieresprung, das Glück zu zweit, eine große Familie oder am besten gar keine Kinder? Die Zen-Meister betonen nun immer wieder, dass wir keinen Kopf über unseren eigenen stellen sollen, unserem Leben nichts Zusätzliches zufügen sollen. Denn es ist gut so, wie es ist. Jeder Augenblick ist in sich vollständig und reich. Wenn wir das erkennen, können wir, was immer auch in jedem Augenblick geschieht, akzeptieren und wunderbar damit leben.

善

Es ist unmöglich, Dinge zu gestalten,
wenn man nicht selbst in Ordnung ist.

Shunryu Suzuki

Wer kennt es nicht: das Gefühl der Unzufriedenheit, gepaart mit dem Drang, dem eigenen Leben endlich eine positive Wendung zu geben. Daran ist ja auch nichts Schlechtes, auch im Zen wird ja stets betont, dass der Weg zum inneren Frieden meistens aus einer Not geboren wird. Doch leider verhalten wir uns im Stadium der Unzufriedenheit meistens so, dass wir unsere Umwelt verändern wollen – und das widerspricht wiederum ganz und gar der Haltung des Zen. Denn hier geht es darum, die Dinge von innen heraus zu verändern. Oder, wie es Suzuki an anderer Stelle einmal gesagt hat:

»Wenn ihr die Dinge auf die rechte Weise zur rechten Zeit tut, ist alles andere sinnvoll gestaltet. Ihr seid der Chef. Wenn der Chef schläft, dann schlafen alle. Wenn der Chef etwas richtig macht, dann wird jeder alles recht machen und zur rechten Zeit. Das ist das Geheimnis des Buddhismus.«

Im Zen gibt es nichts zu erklären und nichts zu lehren,
was dein Wissen mehren könnte.
Was nicht aus dir selbst erwächst,
ist auch nicht dein eigenes Wissen –
es ist nur fremdes Gefieder.

Daisetz Teitaro Suzuki

Zen versteht sich nicht als Lehre in dem Sinne, dass dort Lehrsätze verbreitet werden. Zen ist vielmehr wie ein Geburtshelfer, der aus dem Menschen seine innersten Wesenszüge herausholt, die bisher im Verborgenen lagen. Zen ist also schon ein Wegbereiter zur Selbsterkenntnis – aber nicht in jenem eitlen Sinne von »Hier bin ich, ich kann nicht anders«, dass er also unsere persönlichen Marotten und Eitelkeiten hofiert. Sondern gerade in dem Sinne, dass er diese Marotten und Eitelkeiten wegwischt, um dadurch das Selbst in seiner unverfälschten Klarheit präsent werden zu lassen. Was dabei letzten Endes herauskommt, wissen wir nicht: Zen ist eben auch immer eine Reise in unbekanntes Terrain. Das macht es ja so spannend.

Die tiefste Weisheit des Zen ist jedermanns Eigentum.
Sucht in euch selbst danach, im Innersten eures Seins.
Und versucht nicht, sie mit Hilfe eines anderen zu finden.

Ian Ou

Schon Gautama Buddha forderte seine Anhänger auf, ihm nicht nur einfach nachzusprechen und seine Erkenntnisse und Regeln auswendig zu lernen, sondern sie mit wachem Verstand stets zu überprüfen. Im Zen-Buddhismus wird dieser Appell an das Selbstdenken weiter auf die Spitze getrieben. Echte Zen-Meister gehen immer auf negative Weise vor, wenn sie ihren Schülern etwas begreiflich machen wollen. Sie bemühen sich nur selten, etwas zu erklären oder zu beweisen, sondern antworten vorzugsweise mit Paradoxen, Geschichten, Gleichnissen und sogar Widersprüchen, um das Bewusstsein des Zuhörers für den Augenblick zu öffnen. Und oft kommt ihre Antwort sogar nonverbal, ohne Worte. Und da kann dann praktisch alles passieren: vom Schweigen über den Fausthieb bis zum kräftigen Rülpser …

»Ich besitze keinen geistigen Frieden«, sagte Hui Ko, »ich flehe euch an, macht meinen Geist ruhig.«

»Trage deinen Geist hier vor mich hin«, erwiderte Bodhidharma, »und ich werde ihm Frieden schenken!«

»Aber immer, wenn ich ihn suche«, so Hui Ko, »kann ich ihn nicht finden.«

»Siehst du!«, antwortete Bodhidharma, »ich habe deinem Geist bereits Frieden geschenkt.«

Wu Men Kuan

Ein schöner Dialog. Er bekundet die Grundansicht des Zen, dass wir keinen inneren Frieden finden werden, sofern wir ihn im Visier haben, sofern wir ihn also zum Objekt unseres Wollens machen. Denn sofern wir etwas wollen, befinden wir uns ja gemäß der Buddha-Lehre im Kreislauf des Leidens. Der richtige Ansatz besteht vielmehr in der entspannten Aufmerksamkeit: Beobachten Sie sich und das, was in Ihnen vorgeht. Aber ohne Vorurteile und ohne das Verlangen, auf Ihre Empfindungen reagieren oder etwas an ihnen verändern zu müssen. Allein diese interesselose Beobachtung wird schließlich dafür sorgen, dass Ihre Empfindungen eine positive Richtung nehmen und sich Ihr Geist beruhigt. Beispiel: Ärger. Lassen Sie es geschehen, wenn er aufsteigt. Beobachten Sie, was dabei in Ihnen vorgeht. Lösen Sie sich von dem Zwang, die Umwelt (beispielsweise einen anderen Menschen) für Ihren Ärger verantwortlich zu machen, sondern seien Sie einfach nur da – und beobachten Sie Ihren Ärger. Sie werden sehen, wie sich Ihr Geist beruhigen wird.

Sie glauben es nicht? Haben Sie es denn schon einmal ausprobiert?

Zen verabscheut alles Wiederholen oder Nachahmen, denn es tötet.

Daisetz Teitaro Suzuki

Zen-Meister legten stets großen Wert darauf, dass sie im eigentlichen Sinne keine Lehre verbreiteten, sondern lediglich Anstöße vermittelten, die den Menschen dazu bringen sollten, sich selbst, durch eigenes Tun und durch eigene Urteilskraft, aus seiner Unwissenheit zu befreien. Für Anhänger, die sich einem Lama oder einer Buddha-Statue zu Füßen werfen, nur weil es andere auch tun, hatten sie keinerlei Verständnis.

Um verstehen zu können, was es heißt, wenn Nachahmen tötet, muss man übrigens nur mal auf ein Schützenfest gehen – und zuhören, wenn dort eine Tanzband »Yesterday« von den Beatles ertönen lässt.

Wenn du mit dem Tun aufhören willst, um zu sein,
wird eben dieses Bemühen dich mit Tun erfüllen.

Seng Ts’an

Unsere moderne Welt ist vom Dogma der Aktivität geprägt: Jeder will so viel tun wie möglich. Am besten gleichzeitig, weswegen immer mehr Menschen »mehrphasig« agieren, also z.B. gleichzeitig Auto fahren, einen Schoko-Riegel verdrücken und dabei noch mit dem Handy telefonieren. So eine Mehrphasigkeit erzeugt natürlich Stress, den freilich viele damit auszugleichen versuchen, indem sie aus dem Alltag in den Urlaub oder wenigstens ins freie Wochenende flüchten. Mit dem Vorsatz, dort die Beine hochzulegen und wirklich nichts zu tun.

Doch die Entspannung bleibt meistens aus. Wer sich willentlich bemüht, nichts zu tun, wird in der Regel scheitern. Einige werden sogar krank. Und warum? Weil der Geist unfähig ist, nach Belieben zwischen Nichtstun und hektischer Aktivität hin und her zu schalten. Was er braucht, ist Kontinuität. Und das gelingt nur, wenn man schon im Alltag versucht, die Mehrphasigkeiten zu verbannen. Also: Wenn Sie telefonieren, dann telefonieren Sie, und sonst nichts. Und wenn Sie Auto fahren, dann fahren Sie Auto, und sonst nichts. Sie werden sehen: Diese Einphasigkeit wird Ihnen nicht nur mehr Ruhe und Frieden bescheren, sondern auch mehr Erlebnisqualität.

禅

Wenn du etwas Bestimmtes erreichen möchtest,
musst du dich in einen bestimmten Menschen verwandeln.
Doch dann wird dich das Erstrebte nicht mehr interessieren.

Eihei Dogen

Wer von uns träumt nicht schon mal davon, sein Leben einer radikalen Wandlung zu unterziehen? Es gibt Menschen, denen radikale Kehrtwendungen im Leben tatsächlich gelingen. Doch wissen Sie, was diese Menschen alle gemeinsam haben? Dass sie nach der Kehrtwende kein Interesse mehr an dem haben, was sie vorher als Ziel ihrer Kehrtwendung betrachteten. Saulus wurde zum Paulus, weil er sich besser fühlen wollte – doch als Paulus war es ihm dann egal, wie es ihm ging, es zählte nur die Botschaft, die er zu vermitteln hatte. Der korrupte Mediziner ging als Entwicklungshelfer in die dritte Welt, um sich endlich wieder ohne Ekel im Spiegel anschauen zu können – doch in der dritten Welt wird es ihm auf einmal total egal, was er von sich hält, und er vermisst in seinem kargen Zimmer noch nicht einmal den Spiegel.

Wenn wir zu einem neuen, besseren Menschen werden, dann wird auch das meiste von dem entwertet, was uns vorher wichtig war. In jeder persönlichen Erneuerung steckt eben, vor allem wenn es die moralische Lebenseinstellung betrifft, auch sehr viel vom Sterben des Alten. Erst wenn Sie das akzeptieren, werden Sie Ihr Leben wirklich ändern können.

Und Buddha sprach: »Was meint ihr wohl, ihr Mönche: Gesetzt, es würde ein Mann einen Klumpen Salz in eine kleine Tasse voll Wasser werfen; würde da wohl das wenige Wasser in der Tasse durch jenen Salzklumpen salzig und ungenießbar werden?«
»Gewiss, o Herr.«
»Und warum?«
»Es befindet sich ja nur sehr wenig Wasser in der Tasse. Das würde durch jenen Klumpen Salz salzig werden und ungenießbar«, antworteten die Mönche.
»Wenn aber ein Mann einen Klumpen Salz in den Gangesstrom wirft, was meint ihr da, ihr Mönche, würde dann das Wasser des Ganges durch jenen Salzklumpen salzig und ungenießbar werden?«
»Das wohl nicht, o Herr.«
»Und warum nicht?«
»Es befindet sich ja eine gewaltige Menge Wasser im Gangesstrom; das würde durch jenen Klumpen Salz nicht salzig und ungenießbar werden.«
»Ebenso, ihr Mönche, ist es mit einem, der nur ein kleines Vergehen verübt hat, und dieses bringt ihn zur Hölle. Ein anderer hat eben dasselbe kleine Vergehen verübt, und es zeigt sich nicht einmal die kleinste Wirkung, geschweige eine große.«

Aus dem Dhammapada
von Gautama Buddha

Das Karma eines Menschen entscheidet darüber, inwieweit ein Mensch von den Schicksalsschlägen, die ihm widerfahren oder die er in die Wege leitet, getroffen wird oder nicht. Ist sein Karma, die Summe des Handelns und Wollens aus früheren Leben, bereits im vollem Fluss in Richtung Erleuchtung und Befreiung vom Leiden der Welt, können ihm selbst die größten Schicksalsschläge nichts anhaben. Ist sein Karma jedoch schwach, mit nur geringer Ausprägung in Richtung Erleuchtung und Befreiung vom Leiden der Welt, können ihm selbst kleinste Missgeschicke das Leben verhageln. Dies erklärt, warum auch Menschen mit gutem und untadeligem Charakter mitunter durch einen winzigen Fehler alles verlieren, ihren Ruf, ihre Karriere und ihr Glück. Und es erklärt, warum mitunter Menschen mit ausgesprochen schlechtem Charakter ihr Leben in positive Bahnen lenken, nur dadurch, dass sie in einem kleinen Augenblick aus einem Impuls des Großmutes und der Freundlichkeit heraus handelten.

Alles ist eins

Der Kampf zwischen
Verschiedenheit und Übereinstimmung
führt zur Krankheit
des Geistes.
Im Einen
ist der Geist in Frieden,
und Verwirrung erschöpft sich
von selbst.

Seng Ts'an

Es gehört zu den Eigenheiten der westlichen Welt, die Welt in zahllose abgeschlossene Einheiten einzuteilen. Nach dem Muster: Dort bin ich, dort sind die anderen; das ist meins, das ist deins; ich kann das, du kannst das; dafür trägst du die Verantwortung und nicht ich; und so weiter. Im Zen ist das hingegen alles nichtig, die Vorstellung von eigenständigen Dingen und Persönlichkeiten ist eben nichts anderes als eine Vorstellung, ein Dogma unserer verblendeten Erkenntnis, das Unruhe in unseren Geist hineinbringt und ihn dadurch letzten Endes krank macht. Ziel sollte es vielmehr sein, die Vielfalt der Welt hinter uns zu lassen und uns im Eins-Sein mit der Welt aufgehen zu lassen. Wobei es typisch Zen ist, dass wir dieses Ziel nicht mit unserem Willen anstreben dürfen – denn in diesem Falle würden wir ja wieder eine Zweiheit setzen, nämlich uns auf der einen und das Ziel auf der anderen Seite.

Wo Schönheit ist, da ist auch Hässlichkeit.
Wenn etwas richtig ist, ist etwas anderes falsch.
Wissen und Unwissenheit hängen voneinander ab.
Verblendung und Erleuchtung bedingen einander.
So war es schon immer.
Wie könnte es jetzt anders sein?
Das eine loswerden, das andere halten wollen –
ein lächerliches Schauspiel.
Auch wenn du sagst, alles sei wunderbar,
du musst dich doch mit all dem stets sich Wandelnden abgeben.

RYOKAN

Der Gedanke von der Veränderlichkeit allen Seins und dass jedes Ding auch gleich seinen Gegensatz beinhaltet, gehört zum philosophischen Kern des Buddhismus, wobei Zen gerade das Spiel mit den Gegensätzen auf die Spitze treibt. Seine Grundaussagen lauten: Alle Dinge ändern sich, und das Anhaften an ihnen ist daher töricht. Außerdem birgt jedes Ding und auch jede Empfindung den Gegensatz in sich: Gesundheit empfindet man nur im Kontrast zur Krankheit, das Gute nur im Kontrast zum Bösen und das eigene Leben nur im Kontrast zum eigenen Tod. Eine tiefe Wahrheit. Und auf einmal verstehen wir, warum wir uns oft am gesündesten fühlen, wenn wir uns von einer schweren Krankheit erholt haben, weil eben erst die erlebten Gegensätze die Welt in unser Bewusstsein bringen.

Sieh den Regenbogen!
Nur wenn der Himmel weint,
erblickst du die Farben
im Licht.

T'ao Shan

Alles was ist, birgt auch gleichzeitig seinen Gegensatz in sich. Und das bedeutet, dass alles, was uns traurig macht, in sich auch die Möglichkeit bietet, uns glücklich zu machen. Und warum? Weil sich alles verändert und deswegen aus allem Übel etwas Gutes werden kann. Sie haben – sei es durch Scheidung oder Tod – einen Menschen verloren, und Sie empfinden deshalb große Trauer? Gut so, trauern Sie! Doch es besteht kein Grund, verzweifelt zu sein. Denn auch wenn Sie nichts mehr daran ändern können, dass der geliebte Mensch verschwunden ist, so können Sie sich wenigstens sicher sein, dass Ihr Schmerz nicht für immer anhalten wird. Und möglicherweise wird diese Erfahrung der unendlichen Trauer etwas in Ihnen frei setzen, was sonst für immer verborgen geblieben wäre. Es gibt Tausende von Menschen, die nach dem Verlust Ihres Partners zu einem neuen Leben kamen. Natürlich gibt es auch Tausende, die danach verzweifelten. Doch es sind eben diejenigen, die davon überzeugt waren, dass ihr Schmerz niemals enden würde. Eben jene, die nicht glauben wollten, dass Regen nicht nur aus düsteren Wolken kommt, sondern auch wundervolle Regenbogen schaffen kann.

Es gibt für alles im Leben einen richtigen Rhythmus. Selbst das Immaterielle hat einen solchen Rhythmus. Im rechten Rhythmus kann der Gefolgsmann zum Wohle seines Herren wirken, im falschen Rhythmus jedoch seinem Fürsten schaden. Ob ein Kaufmann Geld gewinnt oder verliert, ist ebenfalls eine Sache des Rhythmus. Jeder Bereich hat seinen eigenen Rhythmus. Es ist wichtig, diesen daraufhin richtig einzuschätzen, ob er zum eigenen Wohlergehen oder Untergang beiträgt.

Miyamato Musashi

Dieses Zitat stammt aus der Feder eines japanischen Samurai, bei näherer Betrachtung lässt sich jedoch seine Forderung nach dem richtigen Takt auch auf andere Bereiche ausdehnen. So berichten Spitzensportler immer wieder, dass sie nicht in den richtigen Rhythmus finden und dadurch nicht ihre volle Leistung abrufen konnten. Auch von Börsenhändlern ist zu hören, dass es beim Kaufen und Abstoßen von Aktien auf das richtige Timing, das richtige Gefühl für den »Rhythmus der Märkte« ankommt. Das Problem dabei: Jeder Tätigkeitsbereich und auch jeder Mensch hat seinen eigenen optimalen Rhythmus, man kann ihn also im klassischen Sinne nicht lernen. Was man jedoch kann: die Aufmerksamkeit schulen, sich voll in seiner Tätigkeit aufgehen lassen, ohne an das zu denken, was möglicherweise an Gutem oder Schlechtem dabei herauskommt. Nur auf diese Weise hat man eine Chance, das Gefühl für den eigenen Rhythmus zu entwickeln. Das heißt, man darf bei dem, was man tut, auch nicht an den Rhythmus denken. Denn sofern man das tut, hat man ihn verloren.

Von einem heftigen Regenschauer kann man etwas lernen. Triffst du auf einen plötzlichen Schauer, willst du nicht nass werden und rennst schnell die Straße entlang. Und während du unterm Dachgesims entlang eilst, wirst du doch nass. Bist du von Anbeginn entschlossen, wirst du nicht verblüfft sein, obwohl du genauso durchnässt sein wirst. Dieses Verständnis erstreckt sich auf alle Dinge.

Zitat aus dem Film »Ghost Dog« von Jim Jarmusch

Die meisten Menschen stellen sich unter einem Zen-Erlebnis so etwas wie das folgende vor: Sie sitzen im Lotos-Sitz im Garten, ein Vogel zwitschern und Sie spüren, wie Sie eins mit der Natur sind. Klingt wunderbar, doch mit Zen hat das nichts zu tun. Doch wenn Sie im Büro sitzen und von Ihrem Chef wegen irgendeines verpatzten Termins zur Schnecke gemacht werden, Sie aber dabei die gleichen Empfindungen haben, als wenn Sie im Lotos-Sitz einem Vogel lauschen, dann ist das Zen. Warum? Weil es keinen Unterschied gibt zwischen dem Geräusch des Vogels und dem Geräusch Ihres Chefs. Beide überbringen nur eine Nachricht, und Sie hören diese Nachricht. Nicht mehr und nicht weniger. Genauso wie Regen eben Regen ist und wir, sofern keine Unterstellmöglichkeit da ist, in jedem Falle nass werden, egal, ob wir hetzen oder entschlossen hindurch marschieren. Betrachten Sie die Dinge, wie sie sind, und nicht nach dem, was Sie Ihnen bedeuten!

Meditation
ist nicht Absonderung
von Gesellschaft, nicht Flucht
vor der Gesellschaft,
sondern Vorbereitung
auf den wirklichen Eintritt in die Gesellschaft.

THICH NHAT HANH

Wer sich den Zen-Buddhisten als verschrobenen Priester vorstellt, der stundenlang im Lotos-Sitz verharrt und dabei das Profil der Raufasertapete studiert, ohne Bezug zur Außenwelt und den Mitmenschen, ist auf dem Holzweg. Die Wahrheit ist: Zen führt uns direkt mitten ins Herz des Lebens, es lässt uns empfinden, wie die Welt wirklich ist, ungeschminkt und objektiv. In der Zen-Meditation lassen wir all die Schleier hinter uns, die uns den Blick auf »das Ding an sich« vernebeln: Vorurteile, Begriffe, geschichtliche Hintergründe, Leidenschaften und alles andere, das die Dinge und uns in irgendwelche angeblichen Zusammenhänge oder Differenzen zwingt. Mit anderen Worten: Meditieren reißt uns nicht aus der Welt heraus, sondern stürzt uns geradezu mitten in sie hinein, indem es nämlich all das auflöst, was bis dahin verhinderte, dass die Welt und wir zu einer untrennbaren Einheit zusammenwachsen konnten. Zen-Lehrer lassen deshalb übrigens mit offenen Augen meditieren.

Erleuchtung ist wie die Spiegelung des Mondes im Wasser.
Der Mond wird nicht nass, das Wasser nicht unterbrochen.

Hashida

Ein Gleichnis, das man am besten durch die folgende Geschichte aus dem Zen erklärt:

Die Kaiserin Wu fragte sich, wie die wesenhafte Einheit der Dinge mit ihrer scheinbaren Vielfalt zu vereinbaren sei. Zur Lösung dieser Frage ging sie zum Zen-Meister Fa Tsang. Der stellte in einem leeren Raum des Palastes acht Spiegel in alle acht Richtungen der Windrose auf. Einen weiteren Spiegel legte er auf den Boden, und noch einen befestigte er an der Decke. In die Raummitte hängte er eine Kerze. Dann holte er die Kaiserin – und zündete die Kerze an. Der ganze Raum erstrahlte im Glanz der gespiegelten Lichter, und er erfüllte die Kaiserin mit ehrfürchtigem Staunen. »Seht Ihr, Majestät«, sagte Fa Tsang, »das ist das Eine und die Vielen.«

Befreie dich von deinem Ich!

Sich selbst ergründen heißt sich selbst vergessen.

Eihei Dogen

Wer über sich nachdenkt und versucht, sich zu ergründen, teilt sich selbst in zwei Parteien: nämlich einmal in das Subjekt der Erkenntnis und einmal in das Objekt der Erkenntnis. Laut Zen hat er damit keine Chance, seinem Wesen und auch dem Wesen der Welt auch nur ein Stück näher zu kommen, denn das ist durch Einheit und nicht durch Vielheit bestimmt. Also: Befreien Sie sich von Ihrem persönlichen Ballast! Vergessen Sie, wer Sie sind! Am besten ist sogar, Sie vergessen, dass Sie überhaupt sind! Lassen Sie sich nur einnehmen von dem, was gerade aktuell angesagt ist! Versenken Sie sich in Ihre aktuellen Tätigkeiten, ohne all das »Ich bin das und das« und »Ich kann das und das« in Ihrem Hinterkopf. Nur so erlangen Sie Gewissheit über das, was Sie sind und was Sie wirklich können.

Der große Weg ist für jene nicht schwierig, die keine Vorlieben haben.

SENGCAN

Heißt das nun, dass wir uns von all unseren Vorlieben verabschieden müssen, um den Weg des Buddha beschreiten zu können? Also auch von unserer Vorliebe für Erdbeereis und Musik von Brahms? Nein, davon müssen Sie sich nicht verabschieden! Es hat ja keinen Sinn, dass Sie in ein Eiscafé gehen und sagen: »Geben Sie mir irgendetwas!« Was jedoch Sinn hat, ist, dass Sie nicht wütend oder traurig werden, wenn man Ihnen dort sagt, dass man gerade kein Erdbeereis hätte. Tragen Sie überall und jederzeit die Überzeugung in sich: »Nun, das ist nicht das, was ich möchte, aber es ist das, was ich bekommen habe, also ist es in Ordnung.« Dann sind Sie schon ein wenig weiter auf Ihrem Buddha-Weg vorangekommen.

Wenn ihr denkt: »Ich atme«, so ist das Ich etwas Hinzugefügtes. Es gibt kein Du, das Ich sagen könnte. Was wir Ich nennen, ist nichts als eine Schwingtür, die sich bewegt, wenn wir ein- und ausatmen. Sie bewegt sich – das ist alles. Wenn euer Geist rein und ruhig genug ist, dieser Bewegung zu folgen, ist da nichts: kein Ich, keine Welt, weder Geist noch Körper, nur eine Schwingtür.

SHUNRYU SUZUKI

Das Untergehen des Ichs ist zentrales Thema im Zen, man nennt es dort auch den »Tod des kleinen Selbst«. Dem »Abendländler« fällt es freilich schwer, das zu akzeptieren. Denn er ist gefangen in der Vorstellung, im Zentrum einer Welt zu stehen, die sich aus Wesenheiten zusammensetzt, die ebenfalls glauben, im Zentrum der Welt zu stehen. Der Haken an dieser Geschichte: Sie ist nicht nur falsch, sie bringt auch nichts als Ärger. Denn wenn jeder glaubt, die Welt drehe sich nur um ihn, muss er zwangsläufig mit denen ins Gehege kommen, die dasselbe von sich glauben.

Zen kennt jedoch einen Weg, sich aus der Ich-Befangenheit zu befreien: nämlich die Meditation und in ihr vor allem die Beobachtung des Atems. Weil der die wunderbare Eigenschaft hat, dass wir ihn einerseits kontrollieren können, er andererseits aber auch ohne uns funktioniert. Und deswegen ist er wie geschaffen dafür, das »Ich-Vergessen« zu trainieren, indem wir uns nämlich völlig interesselos auf die Beobachtung des Atems einlassen.

Probieren Sie es doch einmal aus – es lohnt sich. Der erste Schritt in die tiefen Weisheiten des Zen!

Suche nicht nach der Wahrheit!
Habe nur keine Meinung!

Seng Ts'an

Es ist schon wunderbar, dass wir in einem Land leben, in dem wir frei unsere Meinung äußern können. Und der Zen-Spruch »Habe nur keine Meinung!« soll ja auch nicht bedeuten, dass wir uns von dieser Meinungsfreiheit verabschieden sollten. Tatsache ist jedoch, dass die meisten unserer Meinungen vorgefasste Meinungen sind. So begegnen wir gerade anderen Menschen gegenüber mit vorgefassten Meinungen, mit Vorbehalten. Wenn etwa der Vertreter einer uns verhassten politischen Partei den Raum betritt, hat der bei uns kaum eine Chance: Egal, was er sagt, uns sträuben sich dabei die Nackenhaare. Menschlich gesehen, und auch in Bezug auf unseren Erkenntnisgewinn, ist das jedoch falsch. Denn möglicherweise hat uns dieser Mensch ja etwas zu sagen, was uns weiterbringt. Möglicherweise kann er uns ja tatsächlich etwas geben. All das entgeht uns jedoch, wenn wir sofort die Maske unserer Vorbehalte über ihn legen, so dass wir nur das hören, was wir von ihm hören wollen. Also: Besser zunächst einmal keine Meinung haben, das macht uns auf Dauer nur klüger.

Die Abwesenheit des Denkens (Wu-Nian) besteht nicht darin, an nichts zu denken, denn dies wäre eine Art Anklammerung an dieses Nichts. Sondern sie besteht darin, jeden Moment an alle Dinge zu denken und sich dabei immer mehr von ihnen zu lösen. Es ist sinnlos zu hoffen, man könne das Denken einstellen, indem man an nichts denkt. Das Wu-Nian muss folglich ein totales und losgelöstes Denken darstellen. Die wirkliche Abwesenheit des Denkens besteht darin, an alle Dinge zu denken, ohne sich von ihnen infizieren zu lassen.

HUEI NENG

Zen propagiert den Untergang des Ichs, und dazu gehört, dass auch das Denken überwunden wird. Ein schweres Unterfangen für einen »Abendländler«, der in der Regel vom Kopf geleitet wird! Und möglicherweise dennoch erstrebenswert. Denn die Gedankenlosigkeit, das »Wu-Niam«, hat nämlich nichts mit Blödheit zu tun, sondern mit einem Denken, das sich nicht um Objekte dreht. Es ist das Denken, das von sich selbst eingeleitet wird. Vielleicht haben Sie ja schon mal erlebt, wie Sie bei einem Spaziergang in der Natur jegliches Gefühl für die Zeit verloren haben und Ihre Gedanken keine Probleme wälzten, sondern frei vor sich hinflossen. Wenn Sie jetzt Worte für das finden wollten, was Sie dabei erlebten, wird es Ihnen wahrscheinlich schwer fallen. Aber genau das ist es eigentlich, worum es im Zen geht: nämlich das – im wahrsten Sinne »unaussprechliche« – Gefühl des zeitlosen Eintauchens in den Augenblick.

Der Zen-Meister Daian hatte den Ausspruch getan: »Sein und Nichtsein gleichen der Schlingpflanze, die den Baum umrankt.« Sozan, ein anderer Zen-Meister, fuhr daraufhin zu Daian und fragte ihn: »Was geschieht, wenn der Baum gefällt wird und die Schlingpflanze dahinwelkt?« Ihn bewegte nämlich die Frage, was mit unserem Denken passiert, wenn wir die Begriffe »Sein« und »Nicht-sein« in ihm löschen. Der Meister war gerade damit beschäftigt, eine Mauer aus Lehm zu errichten. Was antwortete er? Er warf den Schubkarren um, den er gerade führte, lachte laut und ging davon.

JAPANISCHE ZEN-LEGENDE

Eine typische Zen-Geschichte, in der die ganze Kraft der Wortlosigkeit präsent wird. Doch am Ende dämmerte es Sozan, was man ihm »sagen« wollte: Solange unser Geist angefüllt ist mit Ideen von Sein und Nichtsein, Geburt und Tod, Bedingtem und Unbedingtem, Ursache und Wirkung, solange sind wir gefangen in Worten und Begriffen und noch fern der Wahrheit. Erst wenn wir nicht mehr zu den Zuschauern, Kritikern, Ideenschwärmern, Wortemachern und Logikern gehören, sondern uns in den Umgang mit der unmittelbaren Wirklichkeit des Lebens hineinbegeben, werden wir eine Ahnung von der Wahrheit bekommen, die jenseits aller Worte liegt.

*Wenn Ihr euch nur vom Denken in Vorstellungen
und Begriffen befreien könntet, hättet ihr alles erreicht.
Doch wenn ihr euch von diesem Denken nicht blitzartig
in einem Augenblick befreit, wird es euch nie gelingen,
selbst wenn ihr eine Ewigkeit danach strebt.*

HUANG PO

Im Verständnis von Zen sorgen Begriffe und Vorstellungen dafür, dass der freie Geist in vorgefertigte Bahnen gelenkt, gewissermaßen eingekerkert wird. Sie müssen daher überwunden werden. Wichtig ist aber, dass diese Überwindung blitzartig geschieht, sie kann nicht allmählich erfolgen. Es darf natürlich durchaus Augenblicke geben, in denen wir in Begriffen und Vorstellungen denken (ohne sie wären wir letzten

Endes nicht lebensfähig), doch in den Augenblicken, in denen wir sie hinter uns lassen, müssen sie auch komplett überwunden werden, ohne Kompromisse. So dürfen wir beispielsweise in einem Augenblick, in dem wir uns der Liebe zu einem anderen Menschen vergegenwärtigen, nicht daran denken, was er für uns bedeutet, dass er beispielsweise unser Ernährer ist, uns stets mit Geschenken verwöhnt oder uns in der Vergangenheit einmal böse verletzt hat. Sofern wir nämlich das tun, ist unsere Liebe dahin, wir haben sie durch ein Beziehungsgeflecht ersetzt, das von Abhängigkeiten, Schuldgefühlen und dergleichen geprägt ist. Verstehen Sie das jedoch nicht falsch! Es geht nicht darum, dass Sie generell vergessen, was Ihnen ein geliebter Mensch bedeutet oder angetan hat. Doch in dem Moment, in dem Sie Liebe für ihn empfinden, muss dies alles überwunden sein, komplett, ohne dass etwas im Hinterkopf davon herumspukt. Denn eine wahre Liebe mit Hintergedanken gibt es nicht.

Ein berühmter Gelehrter besuchte einst Na-in, um etwas über Zen zu hören. Höflich goss der Meister ihm Tee ein, doch er fuhr damit fort, bis die Schale überlief und der Tee sich über den Gast ergoss. Dieser rief erschrocken, er möge aufhören. Der Meister erwiderte: »Diese Schale ist voll und kann keinen Tee mehr aufnehmen, solange ich sie nicht leere. So ist auch euer Geist voller Ideen, und wenn Platz für meine Unterweisung sein soll, müsst ihr ihn erst leer machen.«

ZEN-LEGENDE

Wer in das Haus von Zen eintreten will, muss an der Rezeption erst einmal sein Ich ablegen. Vor allem muss er hinter sich lassen, was er vom Zen erwartet. Erwartetet er Erleuchtung und ungetrübtes Glück? Erwartet er Befreiung von seinem Leiden und tiefe Erkenntnis vom Wesen der Welt? Weg mit alledem! Denn all das blockiert nur den Weg in das Haus vom Zen. Die Tasse des Geistes muss erst leer sein, damit sie Zen aufnehmen kann.

Wenn du etwas tust,
verbrenne dich ganz.
Wie in einem Freudenfest,
keine Spur soll von dir bleiben.

Daisetz Teitaro Suzuki

Nicht nur für die tägliche Praxis des Zen gilt: Höchstmögliche Leistung ist nur dann möglich, wenn wir vollständig in unserer Arbeit aufgehen. Was durchaus logisch klingt. Denn sofern wir daran denken, was wir durch unsere Arbeit für einen Lohn bekommen werden, und auch sofern wir daran denken, wie wir bei unserer Arbeit scheitern könnten, wird unsere Arbeit Schaden nehmen. Denn letzten Endes sind solche Gedanken nichts anderes als Abschweifungen – und wer abschweift, ist nicht hundertprozentig konzentriert und wird daher auch nicht seine hundertprozentige Leistung abrufen können.

Also: Sich voll reinhängen beim Arbeiten ist oberste Pflicht des Zen! Doch passen Sie auf, dass Sie dabei nicht verkrampfen! Das »volle Reinhängen« im Sinne des Zen heißt nämlich nicht, dass Sie 12 Stunden am Tag ackern sollen. Es heißt vielmehr, dass Sie in jeder Tätigkeit voll aufgehen, in eine Art von »stiller Arbeitsekstase« geraten, die Sie die Welt um sich vergessen lässt. Auf diese Weise kann ein in Zen-Dingen geschulter Mensch in zwei Stunden das verrichten, wofür andere einen ganzen Tag benötigen.

Besiege die Angst, besiege den Zorn!

Viele von uns leben hinter einer Barriere der Emotionsgedanken. Das heißt: Wir reagieren, wenn uns etwas zu bedrohen scheint. Doch sobald wir reagieren, ist eine Barriere errichtet und unsere Sicht getrübt. Und da die meisten von uns etwa alle fünf Minuten reagieren, ist es kein Wunder, dass ihnen das Leben insgesamt als Plage erscheint. Denn sie sind gefangen, gefangen hinter einer Barriere der Emotionsgedanken.

Menzan Zenji

Wir glauben zwar, in unserem Leben den Hauptakteur zu geben, doch in Wahrheit sind wir nur ein Spielball, der von zahllosen Kräften bewegt wird. Das heißt: Wir agieren nicht, sondern reagieren. Wobei diese Reaktionen zwischen zwei Polen verlaufen: einmal dem Pol der Anpassung, an dem wir versuchen, allen gerecht zu werden, ein idealer Mensch zu sein. Am anderen Pol hingegen herrscht Rebellion. An ihm sagen wir störrisch: »Niemand kann mir vorschreiben, was ich zu tun habe!« Hier können wir auch sehr hart sein im Urteil gegenüber anderen, vor allem dann, wenn wir sie als Bedrohung für unseren Freiraum sehen. Der Trugschluss dabei: Auch an diesem Pol versklaven wir uns, und wir versklaven uns hier nicht weniger als am anderen Pol, wo wir es allen recht machen wollen. Denn das Festhalten an der eigenen Individualität ist nichts anderes als Trotz, und wir wissen ja nur zu gut, dass ein trotziges Kind immer noch stark an seinen Eltern hängt. Wahre Freiheit werden wir also erst erreichen, wenn wir beide Pole überwinden. Und der erste Schritt dahin besteht darin, zu erkennen, wie wir uns selbst immer wieder zum Spielball fremder Mächte machen.

Ein japanischer Samurai forderte einst einen Zen-Priester auf, ihm Himmel und Hölle zu erklären. Doch der Priester erwiderte verächtlich: »Du bist nichts als ein Flegel, mit deinesgleichen verschwende ich nicht meine Zeit.«

Tief getroffen in seiner Ehre zog der Samurai sein Schwert und schrie: »Für deine Frechheit sollst du mir sterben!«
»Das ist«, gab ihm der Priester gelassen zurück, »die Hölle.«
Verblüfft von der Erkenntnis der Wahrheit dessen, was der Zen-Meister ihm über die Wut gesagt hatte, beruhigte sich der Samurai. Er steckte das Schwert zurück und dankte dem Priester mit einer tiefen Verbeugung für die Einsicht.

»Und das«, sagte der Priester, »ist der Himmel.«

Zen-Legende

Die Zen-Literatur ist voll solch schöner Gleichnisse über den Kampf des Menschen mit seinen negativen Emotionen. Getragen sind sie von der Erkenntnis, dass Zorn und Hass letzten Endes erfolglos bleiben, auch im (Wett-)Kampf mit einem Gegner. In asiatischen Kampfsportarten wird deshalb größter Wert darauf gelegt, negative Emotionen auszuschalten und den Gegner nicht als vorsätzlichen und böswilligen Angreifer zu sehen, sondern als Handlanger von blinden und unpersönlichen Kräften, die außer Kontrolle geraten sind. Das versetzt uns in die Lage, gleichmütig zu agieren und diese entfesselten Kräfte unter Kontrolle zu bringen.

Das Gleichnis soll außerdem zeigen: Es gibt keinen »gerechten« Zorn auf dieser Welt. Denn den kann es gar nicht geben. Denn für ein Gerechtigkeitsempfinden muss man objektiv sein, doch Zorn macht blind, er verstellt den Blick für die Wirklichkeit. Und daher wird man, wenn man sich weiterhin von ihm leiten lässt, andere Menschen niemals wirklich verstehen und dementsprechend auch nicht gerecht agieren können.

„Geschlagen hat er mich, beschimpft,
Hat mich besiegt, hat mich beraubt!“
Wer solchem Denken gibt sich hin,
In dem kommt nie der Hass zur Ruh.

Gautama Buddha

Ein Mensch, in dem der Hass nicht zur Ruhe gekommen ist, der löst keine Krisen, er verschärft sie nur. Also: Hüten Sie sich davor, sich in Ihren Krisen als Opfer zu sehen. Hüten Sie sich vor Formulierungen wie »Alles nur Arschlöcher um mich herum«, »Was soll man da schon machen?«, »Niemals werde ich mehr glücklich sein«, »Warum passiert so etwas ausgerechnet mir?« und »Ich weiß nicht, was ich tun soll«. Wenn Ihnen solche Gedanken kommen, werfen Sie die einfach weg wie ein Stück morsches Holz. Ohne darüber zornig oder traurig zu sein, sondern einfach mit dem Gefühl, etwas wegzuwerfen, das weder Ihnen noch irgendeinem anderen Menschen (außer vielleicht Ihren Feinden!) irgendeinen Nutzen bringt.

Durch Hass fürwahr kann nimmermehr
Zur Ruhe bringen man den Hass;
Durch Nicht-Hass kommt der Hass zur Ruh':
Das ist ein ewiges Gesetz.

GAUTAMA BUDDHA

Es gibt einen großen Mann der Weltgeschichte, der das Wesen des Hasses und seine Überwindung durch Nicht-Hass und Nicht-Gewalt verstanden hat, wie niemand sonst: Mahatma Gandhi. Eigentlich kein Buddhist, kannte er sich trotzdem exzellent im Buddhismus aus – und außerdem betonte der Mahatma immer wieder die Gemeinsamkeiten der Religionen, was die Überwindung des Hasses angeht. Seine eigenen konkreten Vorschläge dazu:

Erkenne, dass Zorn dir niemals weiterhilft!
Erkenne, dass dein Gegner nicht das Böse an sich ist!
Sorge dafür, dass der Gegner keine Macht über dich hat!
Sei bereit zur Selbstkorrektur!
Es gibt keine Sieger und Verlierer!
Schone den angeschlagenen Gegner!

Eine Horde verbrecherischer Samurai überfiel ein Zen-Kloster, das von einem absolut furchtlosen Abt geleitet wurde. Der Anführer der Bande brauchte nur zu schreien, und alle Mönche und Stadtbewohner suchten das Weite. Nur einer nicht, der Abt. Er blieb – in sich versunken – im Meditationsraum sitzen. Der Bandenführer war außer sich vor Zorn und bedrohte den Meditierenden mit gezücktem Schwert: »Weißt du nicht, dass ich ein Mann bin, der dich in einem Augenblick mit diesem Schwert durchbohren kann, ohne mit der Wimper zu zucken?« Worauf der Abt nur ruhig erwiderte: »Und ich, Herr, bin der Mann, der in einem Augenblick mit einem Schwert durchbohrt werden kann, ohne mit der Wimper zu zucken.«

ZEN-LEGENDE

Eine Geschichte, die deutlich macht, worin eigentlich der größte Mut liegt. Nämlich nicht darin, andere zu töten, sondern darin, jederzeit zum Sterben bereit zu sein. Was jedoch nicht bedeuten soll, dass den Zen-Meistern nichts am Leben liegt. Doch es ist ihnen nicht mehr oder weniger wert als alles andere. Oder um es anders zu sagen: Ob sie leben oder sterben, beides hat für sie dieselbe Gültigkeit. Sie stehen also Tod und Leben im wahrsten Sinne des Wortes gleichgültig gegenüber, und deswegen kümmert es sie nicht, wann der Tod zu ihnen kommt.

Man kann davon ausgehen, dass nur die wenigsten von uns auch nur annähernd die Furchtlosigkeit des Abtes erreichen werden. Aber das sollte uns nicht entmutigen, weiter den Weg des Buddha zu suchen.

Alle Umstände werden von anderen Umständen gelenkt, diese wiederum werden ebenfalls von anderen Umständen gelenkt, so gibt es nichts, was sich selbst lenkt. Sobald ich das erkannt habe, verspüre ich keinen Hass mehr gegen irgendetwas, das nur ein Trugbild meiner Vorstellung ist.

SHANTIDEVA

Es hat keinen Sinn, jemanden zu hassen, der genauso von negativen Gefühlen beherrscht wird wie wir, denn er ist ja nicht Herr über sich selbst. Er ist sozusagen nur Handlanger von übergeordneten Kräften, die die Kontrolle über ihn haben. Das Einzige, was daher Sinn hat, ist die Überwindung des Hasses selbst. Und dazu sagt Gautama Buddha: »Nicht der Hass besiegt den Hass. Allein die Liebe besiegt den Hass.«

Die Weisen, ob sie Glück trifft oder Unglück,
nicht hoch- oder tiefgemut sich jemals zeigen.

Gautama Buddha

Eine Weisheit, die Sie sich gut merken sollten. Denn es ist in der Tat lohnend, sich mit seinen Ängsten und auch mit seinem Selbstbewusstsein bedeckt zu halten, »den Ball also schön flach zu spielen«. Denn wer sich betont siegesgewiss gibt und dann aber eine Niederlage einstecken muss, wird schnell zur lächerlichen Figur. Und wer sich ängstlich gibt, wird ohnehin keinen Erfolg haben. Die Wahrheit liegt vielmehr im Gleichmut, und zwar im strengen Sinne des Wortes, dass man in jeder Situation den gleichen Mut zeigt, der wohl ruhige Gelassenheit ausstrahlt, aber niemals großkotzig daherkommen sollte.

Gleichmut heißt außerdem nicht, dass Sie Ihre Emotionen unterdrücken und sich unentwegt von anderen verletzen lassen sollten. Denn wer Ärger unterdrückt, bei dem wird der Zorn später nur umso mehr herausbrechen. Wenn Ihnen jemand Unrecht tut oder etwas wirklich Wichtiges unterlässt, sollten Sie auch sofort eingreifen. Beziehen Sie entschieden Stellung! Versichern Sie sich der Hilfe! Beenden Sie die Angelegenheit oder lassen Sie den Dingen ihren Lauf, je nachdem. Aber legen Sie nicht enttäuscht die Hände in den Schoß, denn das führt letzten Endes dazu, dass Sie Ihre Gelassenheit verlieren.

Als der Buddha unter dem Bodhi-Baum Erleuchtung fand,
da lachte er.

Thich Thien An

Es wird immer wieder der Fehler gemacht, Zen mit Weltentrückung, Askese und Spaßverzicht gleichzusetzen. Tatsache ist, dass man mit Zen mitten im Leben steht – und eine Menge Spaß am Leben hat. Es ist aber nicht der Spaß der Fun-Generation, die immer neue und stärkere Reize benötigt, um Spaß haben zu können. Zen schult vielmehr die Aufmerksamkeit auf die kleinen erfreulichen Dinge im Leben. Auf ein Baby-Lächeln, auf ein paar umhertollende Hunde oder auf die eigene Unzulänglichkeit. Oder auch auf eine Sache, die keinem anderen witzig erscheint außer uns selbst. Wer Zen in sein tägliches Leben einfließen lässt, findet möglicherweise das herunterfallende Blatt eines Baumes zum Lachen. Und er braucht keine aggressiven Formen des Humors mehr, wie etwa Schadenfreude und diskriminierende Witze, um sich zum Lachen zu bringen.

Wenn das Leben kommt, nehmt es so an. Wenn der Tod kommt, nehmt den Tod an. Es gibt keinerlei Grund dafür, dass sie euch beherrschen. Setzt keine Hoffnung darin! Dieses Leben und dieser Tod sind Leben und Tod Buddhas. Wenn ihr sie im Geist der Ablehnung zurückweist, verliert ihr das Leben Buddhas.

MAZUNAGA

Es hat wenig Sinn, sich gegen den Tod zu sträuben, denn er wird kommen, so oder so. Und es hat auch keinen Sinn, sich gegen das Leben zu sträuben, denn es ist da, und wer es per Selbstmord beendet, vollzieht letzten Endes nichts anderes als einen letzten Befehl seines Lebens und bekundet damit, das er nicht wirklich über sich selbst verfügt. Also: Akzeptieren Sie Ihr Leben als Ihr Leben und den Tod als Ihren Tod, ohne weder in das eine noch in das andere allzu viel Hoffnung zu legen. Dann verschwindet auch Ihre Angst.

善

Der Schlüssel zur Erleuchtung
liegt nicht darin zu lernen,
tapfer zu sterben, sondern
zu lernen, es nicht nötig zu haben,
tapfer zu sein.

Charlotte Joko Beck

Im Zen gibt es zahllose Legenden und Gleichnisse von Meistern, die deren atemberaubenden Mut bekunden. Nicht zuletzt deswegen hatte es eine solch große Anziehungskraft auf die Samurai. Dabei handeln all diese Geschichten im eigentlichen Sinne gar nicht von mutigen Helden, sondern von Menschen, die zu Leben und Tod eine Einstellung gefunden haben, die es überflüssig macht, besonders mutig zu sein. Mut haben heißt, die Angst erfolgreich zu unterdrücken. Zen heißt, keinen Grund mehr für Ängste zu haben. Das ist ein himmelweiter Unterschied, auch wenn es – rein äußerlich am Menschen betrachtet – recht ähnlich aussehen mag.

Ein Mann wurde von einem Tiger gejagt. Voller Verzweiflung stürzte er sich in einen felsigen Abhang und konnte sich gerade noch an einer Baumwurzel festhalten. Er war dem Tiger entgangen, doch dann entdeckte er unter sich einen anderen Tiger am Ende des Abhangs, der nur auf den Sturz des Mannes wartete. Und zwei Mäuse begannen zu allem Überfluss noch, an der Wurzel zu nagen. Da entdeckte der Mann eine leuchtend rote Erdbeere. Mit der einen Hand an der Wurzel, pflückte er mit der anderen die Frucht – und aß sie. Sie war köstlich!

Zen-Legende

Eine Geschichte, die das Hinnehmen-Können im Geiste des Zen veranschaulicht. Wir wissen nicht, wie sie ausgeht. Und das ist auch ganz egal. Denn im Zen sollen wir ja gerade nicht darauf schauen, wie irgendetwas ausgeht, sondern auf den Augenblick. Eben auf diese leckere Erdbeere.

Es ist ja nicht so, dass sich der Mann fatalistisch seinem Schicksal ergeben hätte. Er hatte alles getan, um sich zu retten. Und er ruft auch nicht dem Tiger zu: »Oh, du wunderbares Wesen, wir sind eins. Es wird göttlich sein, von dir gefressen zu werden!« Denn Zen heißt ja nicht, dass wir töricht sein und unser Leben wegwerfen sollen. Doch wenn wir an dieser Wurzel über dem Abgrund hängen, können wir diesen letzten Augenblick unseres Lebens vergeuden, oder wir können ihn wirklich leben.

Und ist nicht jeder Augenblick wie dieser letzte Augenblick?

Reiche und Arme, Junge und Alte, Erwachte und Verblendete – alle müssen sterben: Der Tod kommt zu jedem von uns. Jeder – auch wenn er diese Wahrheit kennt – macht sich glauben, er sei der Letzte, der sterben müsse, nachdem alle anderen diesem unausweichlichen Schicksal begegnet sind. Keiner hegt den Gedanken an den nahenden Tod, der jeden Moment an seine Tür klopfen kann. Wie kurzsichtig!

Wenn es irgendeine geheime Formel für den Umgang mit dem sicheren Tod gibt, liegt sie in der Vorstellung, dass nichts, was man tut, den Tod vermeiden kann, dass das eigene Leben nichts als ein leerer Traum ist. Hast du das begriffen, sei niemals unaufmerksam gegenüber dem Schatten des Todes, der dicht um deine Füße herumschleicht. Erspare dir keine Mühe, früh darauf vorbereitet zu sein.

Yamamoto Tsunetomo

Es gehört zu unserer Biologie, gerade dann, wenn wir noch jung sind, keine tieferen Gedanken an den Tod zu verschwenden. Das ist natürlich, und wer sich als junger Mensch permanent um den eigenen Tod bekümmert, ist vermutlich neurotisch – oder sogar depressiv. Doch es kann für die persönliche Entwicklung nur nützlich sein, sich insgesamt mit der Vergänglichkeit des Lebens zu beschäftigen. Viele der Probleme unserer Zeit wie etwa die unmäßige Ich- und Geltungssucht resultieren auch daraus, dass wir den Tod unter allen Umständen aus unserem Umfeld entfernen: Die Greise kommen ins Altersheim, die meisten Todgeweihten sterben im anonymen Krankhausbett anstatt im Kreise ihrer Familie. Ist das wirklich nötig? Und macht es unsere Seele wirklich leichter, wenn wir den Tod außen vor lassen? Es sind schon mehr Menschen durch Lotto- oder Aktiengewinne aus der Bahn geworfen worden als durch das Angesicht eines Sterbenden oder die Trauer.

Sei aufmerksam im Augenblick!

Der Schüler sagte zu Meister Ikkyu: »Bitte schreibt mir etwas von großer Weisheit auf.« Meister Ikkyu nahm einen Pinsel – und schrieb: »Aufmerksamkeit.« Der Schüler fragte: »Ist das alles?« Darauf schrieb der Meister: »Aufmerksamkeit. Aufmerksamkeit.« Der Schüler wurde allmählich gereizt: »Das erscheint mir nicht besonders bedeutungsvoll und tiefgründig.« Statt einer Antwort schrieb Meister Ikkyu auf das Blatt: »Aufmerksamkeit. Aufmerksamkeit. Aufmerksamkeit.« Enttäuscht fragte der Schüler: »Was bedeutet Aufmerksamkeit?« Endlich sprach der Meister wieder. Und er sagte: »Aufmerksamkeit bedeutet Aufmerksamkeit.«

ZEN-LEGENDE

Aufmerksamkeit gehört neben dem Nicht-Anhaften zu den zentralen Begriffen des Zen. Wobei Sie nicht an dem Wort an sich klammern sollten, denn das wäre ja wieder ein Anhaften. Sie können anstatt Aufmerksamkeit auch Gewahrsein oder Vergegenwärtigung sagen. Das worum es geht: Da zu sein, wo man gerade ist. Und diesen Augenblick völlig in sich aufzunehmen. Denn unsere Probleme entstehen, wenn wir diesen Augenblick etwas anderem unterordnen, nämlich unseren egozentrischen Gedanken. Nach dem Muster: Nicht dieser Augenblick zählt, sondern das, was ich möchte! Vergessen Sie es! Und das ist wörtlich gemeint. Sie sollen Ihre Egozentrik nicht bekämpfen oder unterdrücken, sondern vergessen, sterben lassen. Wie das geht? Durch Aufmerksamkeit.

Es ist gut, das Leben empfindlicher Wesen
wie etwa der Tiere oder auch der Insekten zu schonen.
Aber wie steht es mit dem Zeittotschlagen?
Oder mit dem Verschwenden von Mitteln?
Es gibt viele Arten des Tötens.

GA SAN

Das Zeittotschlagen gehört zu den großen Freveln gegenüber dem eigenen Geist. Wobei es keine Tätigkeit gibt, die zwangsläufig Zeit tötet. Es ist also durchaus möglich, dass man beim abendlichen Fernsehgucken keine Zeit tötet, dafür aber beim Büffeln von Zen-Literatur zum erbarmungslosen Zeit-Mörder wird. Was allein zählt, ist das Wie der jeweiligen Tätigkeit. Wer sich beim Fernsehgucken tief versenkt, jede Minute der Sendung konzentriert in sich aufnimmt und mit seinem Geist durchdringt, nutzt die Zeit. Wer jedoch die Zen-Sutren in sich hineinfrisst, sie lediglich auswendig lernt oder sie sogar nur flüchtig überfliegt, tötet die Zeit.

Die Vergangenheit ist nicht fassbar.
Die Gegenwart ist nicht fassbar.
Die Zukunft ist nicht fassbar.

Zitat aus dem Diamant-Sutra

Kaum etwas fällt uns schwerer, als uns im Augenblick niederzulassen. Egal, woran wir denken – es geht meist um Zukünftiges oder Vergangenes, wenn unser Hirn aktiv ist. Eine Verschwendung ohnegleichen, denn die Zukunft ist noch nicht und die Vergangenheit nicht mehr, warum soll man sich großartig mit ihnen beschäftigen? Es lohnt sich also, Augenblicke zu schaffen, in denen wir nur augenblicklich sind, also ohne Bezug zu Vergangenheit und Zukunft und letzten Endes auch ohne reflektierenden Bezug zur Gegenwart. Dies können beispielsweise Spaziergänge sein, wobei es vollkommen gleichgültig ist, ob sie in der freien Natur stattfinden oder in der Stadt. Die Hauptsache ist, dass Sie den Ort zur »kontaktfreien« Zone erklären, also alleine bleiben und das Handy ausstellen. In Japan setzt man auf die Teezeremonie, und während dieser bis zu vier Stunden lang dauernden Session darf über nichts geredet werden als über das, was gerade im Moment der Zeremonie geschieht. Das ist echtes Training, um die Empfindung des Augenblicks zu schulen! Es müssen ja keine vier Stunden sein, und es muss ja keine Teezeremonie sein, Sie können ja Ähnliches auch einmal mit der Zubereitung einer Frühlingsbowle veranstalten.

Für die echte Wahrnehmung zählt nur der Augenblick.
Sobald man zu reflektieren oder nachzudenken beginnt,
schweift man ab.

Tao Wu

Zen wird zwar gerne zu den philosophischen Systemen gezählt, doch eigentlich ist es das genaue Gegenteil. Denn Reflexion ist bei ihm nicht angesagt, es will die Welt nicht erklären, denn dies würde nur bedeuten, sie in einen unzulässigen geschichtlichen Kontext zu verknechten – und damit verknechten wir letzten Endes auch uns. Was konkret bedeutet: Nur der Augenblick soll unsere Taten beherrschen. Von dem Moment an, in dem wir offen sind für die feinen Situationsveränderungen, so wie sie sich uns darstellen, ohne sie geistig zu steuern, erfreuen wir uns der vollkommenen geistigen Freiheit – und wir werden tatsächlich das, was man einen Weisen nennt.

Nicht an Vergangenem hängen und sich nicht
nach Künftigem sehnen,
das ist besser als eine Pilgerfahrt
von zehn Jahren.

Lin Tsi

In vielen Religionen nehmen die Gläubigen echte Torturen auf sich, um dadurch ihrem Gott näher zu kommen. Im Buddhismus hat es auch immer wieder solche Bestrebungen nach Pilgerfahrten gegeben, Zen kann diesem Verlangen jedoch nichts abgewinnen. Denn solche Dinge wie Buße und Askese passen seiner Ansicht nach einfach nicht zum Streben des Geistes nach wahrer Freiheit. Dem echten Zen-Geist widerspricht sogar die Huldigung des Buddha. Als sich einmal ein Mönch vor einer Buddha-Staue verneigte, ging der Zen-Meister Caho Chou zu ihm – und verpasste ihm einen kräftigen Hieb. Darauf wandte sich der erstaunte Mönch zu ihm und fragte, ob es nicht löblich sei, sich vor dem Buddha zu verneigen. »Doch«, entgegnete der Meister, »aber ohne etwas Löbliches zu sein ist noch besser.«

Ein Leben ohne Hoffnung
ist ein Leben voller Frieden,
Freude und Mitgefühl.

CHARLOTTE JOKO BECK

Kann Hoffnungslosigkeit glücklich machen? Schwer vorstellbar. Doch für die Zen-Philosophie ist Hoffnungslosigkeit geradezu notwendig, um zum wahren Glück zu finden. Denn wer auf Gesundheit, Erfolg, Erleuchtung und dergleichen hofft, verweilt nicht im Augenblick, sondern schöpft aus Erfahrungen in der Vergangenheit, um sie dann in die Zukunft zu projizieren. Nehmen wir als Beispiel, dass Sie auf eine

Gehaltserhöhung hoffen. Sie hoffen darauf, weil Sie aufgrund Ihrer (trügerischen) Erfahrungen davon ausgehen, dass Sie sich mit einem fetteren Gehaltsscheck einfach besser fühlen würden. Jetzt gibt es zwei Möglichkeiten: Erstens, dass die Erhöhung ausbleibt, und dann werden Sie natürlich enttäuscht sein. Zweitens, dass die Erhöhung kommt. Doch auch dann währt das Glück nur kurz. Es werden Neider kommen, die Ihnen Ihr Gehalt nicht gönnen. Zudem wird das Erlebnis der erhaltenen Gehaltserhöhung Sie zu der Hoffnung veranlassen, dass Sie irgendwann wieder eine bekommen, denn immerhin hat es ja schon einmal geklappt. Und dann geht das Ganze wieder von vorne los. Sie sehen also: Hoffnung kann letzten Endes nicht glücklich machen. Dafür aber Hoffnungslosigkeit! Denn es ist schön, wenn Sie eine Gehaltserhöhung bekommen, ohne darauf gehofft zu haben. Aber es ist auch gut, wenn Sie keine bekommen, denn wenn Sie nicht darauf gehofft haben, vermissen Sie ja auch nichts. Hoffnungslosigkeit sichert also gewissermaßen Ihr Glück nach allen Seiten ab – darin besteht eine der großen »Glücksformeln« des Zen!

Wenn ihr in dem Augenblick, da ihr das Schwert bemerkt, das euch treffen will, auch nur einen Gedanken daran verschwendet, dem Schwert da zu begegnen, wo es eben gerade ist, so wird euer Geist bei ihm Halt machen in eben dieser Position, eure eigenen Bewegungen werden unterbunden, und euer Gegner wird euch niederstrecken. Es ist das, was wir mit »Anhalten in Unwissenheit« meinen.
Wenn aber in dem Augenblick, da ihr das Schwert seht, welches euch treffen will, euer Geist nicht von ihm festgehalten wird und ihr im Rhythmus des heransausenden Schwertes bleibt; wenn ihr nicht daran denkt, euren Gegner zu treffen, und wenn keine Gedanken und Urteile bleiben; wenn in dem Augenblick, da ihr das heransausende Schwert seht, euer Geist nicht im Geringsten festgehalten wird und Ihr augenblicklich handelt und dem Gegner das Schwert entwindet – so wird das Schwert, das euch niederstrecken sollte, euer werden und wird nun das Schwert sein, das euren Gegner niederstreckt.

Takuan Soho

Eine Weisheit aus den Kampfkünsten des Zen, die sich problemlos auf unsere Welt übertragen lässt. Dazu müssen Sie das heransausende Schwert nur durch etwas anderes ersetzen, beispielsweise durch eine Examensprüfung, die vor Ihnen steht. Klar, dass Sie dafür lernen müssen, um gut vorbereitet zu sein. Doch ist es auch nötig, sich die Prüfung mitsamt aller möglichen Zwischenfälle und Eigenheiten der Prüfer vorzustellen? Und müssen Sie sich unbedingt vorstellen, was passiert, wenn Sie die Prüfung bestehen, oder wenn Sie durchfallen? Es ist nichts anderes als der Versuch, dass heransausende Schwert zu schnappen. Und deswegen werden Sie in der Prüfung höchstwahrscheinlich nicht so erfolgreich abschneiden, wie es eigentlich möglich wäre.

Besser: Sie gehen einfach in die Prüfung und versenken sich ganz in diesen Augenblick. Nicht umsonst erzählte einmal der Tennis-Star Andre Agassi, dass er seine großen Erfolge von dem Moment an errungen hätte, als er einfach nur noch auf den Court gegangen ist, um Spaß zu haben. Er hätte auch sagen können: »Um im Augenblick aufzugehen«. Und dann wäre es ein echter Zen-Spruch gewesen.

Wenn ihr einen Baum anschaut und ein einziges
seiner roten Blätter betrachtet, werdet ihr die
anderen überhaupt nicht sehen.
Wenn aber das Auge sich an
keines der Blätter heftet und ihr den
Baum betrachtet, ohne
irgendetwas im Sinn zu haben, so sind
Blätter ohne Zahl dem Auge
sichtbar. Nimmt aber nur ein einziges
Blatt das Auge gefangen,
so ist es, als wären die
übrigen Blätter nicht da.

TAKUAN SOHO

Der Spruch, der aus unserem abendländischen Sprücheschatz wohl am besten dazu passt, lautet: Er sieht den Wald vor lauter Bäumen nicht! Eine Mahnung an alle, die vor lauter Details das Ganze aus den Augen zu verlieren drohen. Laut Zen gibt es nur eine Möglichkeit, diese Gefahr zu bannen: nämlich die entspannte, durch kein konkretes Objekt gebundene Aufmerksamkeit. Man kann sie durch Meditation trainieren. Aber auch durch eine andere Herangehensweise im Alltag. Versuchen Sie doch einfach mal, Ihre Mitmenschen als Ganzes, ohne Schubladen und Vorurteile zu sehen!

Im Geschmack einer einzigen Tasse Tee wird man die Wahrheit aller zehntausend Formen des Universums entdecken. Es fällt schwer, diesen Geschmack in Worten auszudrücken oder auch nur eine Andeutung davon zu geben.

Kyonbong Sünim

Der grüne Tee ist das traditionelle Getränk des Zen. Und das nicht nur wegen seiner angenehm anregenden Wirkung, die vor der Schläfrigkeit beim Meditieren schützt, sondern auch wegen seines Geschmacks. Denn der ist viel feiner als bei Bier, Kaffee, Schokolade, Limonade oder Cola-Getränken. Zudem ist grüner Tee weder eindeutig süß noch sauer noch salzig, selbst seinen Bitterstoffen fehlt die Eindeutigkeit, als dass man ihn mit aller Sicherheit den bitteren Getränken zuordnen könnte. Sein Geschmack erschließt sich nicht aus der ersten Tasse, sondern aus der jahrelangen Erfahrung, die man mit ihm hat. Den Wissenschaften ist mittlerweile der Nachweis von über 400 Aromastoffen im grünen Tee gelungen. Eine gewaltige Zahl, die zeigt, wie weit seine Duft- und Geschmackspalette sein kann. Erschließen kann sich diese Palette freilich nur demjenigen, der ihn – losgelöst vom aufreibenden Alltag – in voller Aufmerksamkeit genießt.

Wenn ein Verwandter geht, begleiten wir ihn hinaus und verabschieden ihn. Wir schauen ihm nach, bis er aus unserem Gesichtsfeld verschwunden ist, und dann gehen wir wieder hinein. Den Atem beobachten wir auf die gleiche Weise. Wenn der Atem grob ist, wissen wir, dass er grob ist, wenn er zart ist, wissen wir, dass er zart ist. Während er zunehmend zarter wird, folgen wir ihm weiter, während wir gleichzeitig den Geist erwecken. Schließlich verschwindet der Atem ganz, und alles was bleibt, ist das Gefühl der Wachheit. Das ist das, was wir den Buddha treffen nennen.

Ajahn Chah

Wer in der Meditation Buddha treffen will, darf nicht versuchen, absichtlich zu denken, er darf aber auch nicht versuchen, absichtlich nicht zu denken. Gerade am Anfang ist es normal, wenn immer wieder störende Gedanken und Erinnerungen aufkommen. Ein guter Rat aus dem Zen lautet dazu: »Wir brauchen uns nicht vor dem Aufkommen von Gedanken zu fürchten, nur davor, es zu spät zu bemerken.« Also: Bleiben Sie entspannt, werden Sie nicht zornig. Es reicht, wenn Sie den ablenkenden Gedanken bemerken und ihn mit einem wertneutralen Begriff benennen, etwa »Denken« oder »Gedanke«.

Dann sollten Sie wieder zur eigentlichen Aufgabe zurückkehren, also zur Atemempfindung. Nach einer Weile der Übung wird es Ihnen gelingen, die gedanklichen Störfelder bereits zu erkennen, bevor sie auftauchen, einfach dadurch, dass Sie spüren, wie sich Ihr Geist von der Atemübung abwenden will. Bemühen Sie sich also darum, die Gedanken unablässig wahrzunehmen – so wie wir einen Hund jedes Mal »bei Fuß« rufen, wenn er wegläuft: energisch, aber nicht voller Zorn und Ärger.

Meditiere nicht, um eines Tages Erleuchtung zu finden.
Meditiere, um dein Leben jetzt reicher zu machen.
Meditiere beim Sitzen und Gehen,
wenn du deine Mutter umarmst oder dein Kind versorgst.
Meditiere, um Freude in dein Dasein zu bringen.

SHEN TS'ING

Zen-Lehrer betonen immer wieder, dass niemand erwarten dürfte, durchs tägliche Meditieren zur Erleuchtung zu kommen. Denn die Zen-Meditation ist nicht wie eine Pille, die uns von einer Krankheit des Geistes befreien kann. Zen wirkt nur dann, wenn wir gar nichts von ihm erwarten, sondern ihn einfach nur tun. Und wenn er wirkt, dann merken wir es noch nicht einmal.

Das alles klingt für die Ohren eines »Abendländlers« nicht gerade verlockend. Doch es ist wichtig, dass wir nicht erwarten dürfen, dass unser Leben durch Zen eine positive Wendung nimmt. Es ist zwar möglich, dass dies geschieht. Und es ist sogar wahrscheinlich, dass es geschieht. Doch wenn wir es erhoffen, wird es nicht eintreten.

禅

Bedenke bei deiner Arbeit stets die folgenden Punkte:
Man soll die Arbeiten gründlich erledigen.
Man soll nichts auf die leichte Schulter nehmen.
Man soll Prioritäten setzen.
Man soll die Stimmungen der Mitmenschen erspüren.
Man sollte erkennen, wenn etwas unmöglich ist.

Miyamoto Musashi

Fünf Leitsätze aus dem »Strategie-Buch« eines japanischen Samurai, ganz im Geist des Zen. Sie wirken auf den ersten Blick trivial, doch beim zweiten Blick offenbaren sie, dass sie in unserem heutigen Alltag eigentlich nur selten befolgt werden. Denn meistens gelingt uns lediglich die Umsetzung von einem oder zwei dieser Lehrsätze, doch die Umsetzung aller Sätze klappt fast nie. Lassen Sie die Sätze mal auf sich wirken, meditieren Sie darüber. Und dann seien Sie ehrlich zu sich selbst! Beißen Sie sich nicht auch immer wieder an Dingen fest, deren Durchführung eigentlich unmöglich ist? Wissen Sie noch, was Ihr Lebenspartner heute morgen beim Frühstück für eine Stimmung hatte? Wie viele Dinge haben Sie »verbockt«, nur weil Sie zu lässig herangegangen sind?

Wer wachsam unter Lässigen
und unter Schläfrigen ist wach,
solch Weiser siegreich eilt voraus
wie flinkes Ross dem schlappen Gaul.

Gautama Buddha

Lässigkeit ist dem Buddhismus eines der Grundübel, die es beim Weg zur Erleuchtung zu überwinden gilt. Und Lässigkeit heißt: Selbstzufriedenheit, eitle Selbstgefälligkeit – und die bornierte Gewissheit, genug zu wissen und zu können, so dass man getrost darauf verzichten kann, sich weiter zu entwickeln. Untugenden also, die man auch aus zahlreichen Büros und Betrieben kennt. Und dort stehen sie nicht nur den Karrieren Einzelner im Wege, sie führen mitunter sogar ganze Firmen in den Ruin. Schon so manches Unternehmen wurde ein Fall für den Konkursverwalter, weil die Mitarbeiter und Manager lässig wurden.

Das Tao der Nächstenliebe

Alles, was uns lieb ist, verursacht uns Schmerz.

Gautama Buddha

Klingt düster, ist aber wahr. Und bei näherem Hinsehen ist es auch gar nicht mehr so düster. Denn weil sich alle Dinge und Menschen ändern, wird sich auch unsere Beziehung zu allem, was uns lieb ist, oder dessen Beziehung zu uns verändern – und das führt zwangsläufig dazu, dass wir den Schmerz von Verlust und Trennung spüren. Jetzt könnte man natürlich sagen: »Gut, wenn das so ist, dann werde ich zum Einsiedler, und das Leiden hat ein Ende.« Eine Lösung? Buddha antwortet hier mit einem klaren Nein. Denn Entsagung ist nichts anderes als Trotz, und wer trotzig ist, hängt immer noch am Leben und an den anderen.

Die richtige Lösung lautet, die Änderungen in Ihrer Umwelt und auch die Änderungen in Ihren Beziehungen hinzunehmen, wie sie sind. Die Menschen in Ihrer Umgebung sind nun einmal keine Gegenstände, über die Sie verfügen können, sie verhalten sich nicht nach Ihren Idealvorstellungen. Wenn Sie das vergegenwärtigen, werden Sie weniger Schmerzen verspüren. Was freilich nicht ausschließt, dass Sie doch irgendwann Schmerzen haben werden. Doch auch dann gilt das Prinzip der Vergänglichkeit, und diesmal tröstet es: Denn Schmerzen werden erträglich, wenn man weiß, dass sie nicht immer bleiben.

Betrachte den Fluss
deines Lebens
und erkenne,
wie viele Ströme
in ihm münden,
die dich nähren
und unterstützen.

THICH NHAT HANH

Gerade wenn wir von der Welle des Erfolges umspült werden, neigen wir dazu, dies mit unseren eigenen Verdiensten in Beziehung zu setzen. Ein Fehler! Denn wir alle sind Produkte von zahlreichen Aktionen und Situationen, die uns zu dem gemacht haben, was wir sind, ohne dass wir entscheidend darauf Einfluss genommen hätten – selbst dann, wenn wir über reichlich Fleiß und Talent verfügen. Die japanische Philosophie des »Naikan« empfiehlt daher, dem Leben prinzipiell in Dankbarkeit zu begegnen. Und sie empfiehlt, sich im Hinblick auf folgende drei Punkte einer ständigen Selbstbeobachtung zu unterziehen:

Was habe ich von anderen bekommen?

Was habe ich anderen gegeben?

Welche Probleme habe ich anderen bereitet?

Diese Fragen schaffen die Grundlage, um alle Beziehungen zu prüfen, einschließlich der zu Eltern, Freunden, Lehrern, Geschwistern und Kollegen. Sie können einen bestimmten Zeitabschnitt prüfen, einen Tag oder eine Stunde. In jedem Falle gewinnen Sie eine realistischere Sicht Ihres Verhaltens in der jeweiligen Beziehung.

Euren Schafen oder Kühen eine große, ausgedehnte Weide zu geben,
ist der Weg, sie zu kontrollieren.
So verhält es sich auch mit den Menschen.
Lass sie zuerst tun, was sie wollen, und beobachte sie.
Das ist das beste Verhalten.
Ihnen keine Beachtung zu schenken, ist nicht gut.
Das zweitschlechteste Verhalten ist es, zu versuchen, sie zu führen.
Das beste ist es, sie zu beobachten, sie nur zu beobachten,
ohne zu versuchen, sie zu führen.

SHUNRYU SUZUKI

Ein Satz, wie geschaffen, um allen Erziehungs- und Führungslehren als Orientierung zu dienen. Gleichgültig, ob Sie nun Kinder, Mitarbeiter oder eine Fußballmannschaft zu einem Ziel leiten wollen. Also: Halten Sie Ihr Kontrollbedürfnis unter Kontrolle. Denn engagierte Menschen wollen Entscheidungs- und Handlungsspielräume, die ihren Fähigkeiten angepasst sind. Von ihrem Vorgesetzten, Erzieher oder Trainer erwarten sie, dass man ihnen mit Rat und Tat zur Seite steht, sie dann aber wieder alleine arbeiten lässt. Werden sie hingegen an der kurzen Leine geführt, erlischt ihr Feuer.

Der Regen lässt faulen, was eingepackt bleibt,
aber nicht das, was offen daliegt.

Gautama Buddha

Diesen Satz sprach Buddha, als er von den Mitgliedern seiner Gemeinschaft forderte, stets ehrlich zueinander zu sein, auch ihre Verstöße gegen die Regeln der Gemeinschaft nicht zu verstecken, sondern offen darzulegen. Ein Satz, der auch heute noch seine Gültigkeit hat. Egal, ob es sich um eine Schulkasse handelt, um ein Fußball-Team oder die Abteilung eines Industrieunternehmens. Wenn erst einmal Dinge verschwiegen und vertuscht werden, dauert es nicht mehr lange, bis sich das Klima zu vergiften beginnt.

Oft hört man, dass die extreme Genügsamkeit in allen Bereichen des Lebens geprägt wird. Eine alte Weisheit lautet jedoch: »Ein zu klarer Strom wird von Fischen gemieden.« Fische können überleben und aufwachsen, indem sie sich unter Wasserlinsen oder anderen Objekten im Wasser verstecken. Nur wenn ein Vorgesetzter über die kleinen Mängel seiner Männer hinwegsieht, können sie in friedvollem Geist leben.

Yamamoto Tsunetomo

Auch dies ein Satz, den sich heutige Manager an die Wand hängen sollten – ausgesprochen von einem Samurai, der später zum Zen-Mönch wurde. Er appelliert an die Führungskräfte der Gesellschaft, von ihren Gefolgsleuten keine Perfektion zu erwarten. Denn niemand kann diesen Anspruch erfüllen, und außerdem muss man skeptisch sein, wenn jemand als perfekt daherkommt, denn nichts ist unnatürlicher als ein See mit glasklarem Wasser.

Ein Schüler wurde beim Stehlen erwischt, und die übrigen forderten Meister Bankei auf, ihn aus der Gemeinschaft auszuschließen. Bankei tat es nicht, doch der Schüler stahl erneut. Da machten die übrigen Schüler eine formelle Eingabe, um ihrer Forderung Nachdruck zu verleihen. Sollte ihr nicht entsprochen werden, würden sie gehen. Bankei rief sie zu sich und sagte: »Ihr seid klug, meine Freunde. Ihr könnt recht und unrecht entscheiden. ihr könnt eure Schulung ruhig anderswo fortsetzen, aber dieser arme Kerl – wer wird ihn lehren, wenn nicht ich? Ich muss ihn als Schüler behalten, auch wenn ihr übrigen alle geht.« Da brach der Missetäter in Tränen aus – und stahl nie wieder.

Zen-Legende

Über die Zielgruppe seiner Lehre dachte Buddha ähnlich wie Jesus Christus: Die Tugendhaften brauchen sie eigentlich nicht, es sind vielmehr gerade die Sünder, die Gefallenen und Nicht-Wissenden, die ihrer bedürfen. In dieser Geschichte kommt aber auch noch ein weiterer Aspekt zum Ausdruck: Dass ein vorbestrafter Missetäter ungleich weniger Chancen hat, den Weg Buddhas gewiesen zu bekommen, weil ihn ja kaum eine Gemeinschaft noch aufnehmen wird. Daraus ergibt sich noch einmal eine besondere moralische Pflicht, sich um sie zu kümmern. Und es bestehen, so will es uns die Geschichte außerdem zeigen, gute Chancen, dass allein schon der gnadenvolle Akte des Kümmerns den Missetäter zur Einsicht bringt. Das glauben Sie nicht? Haben Sie es schon mal ausprobiert? Und haben Sie schon mal in Erwägung gezogen, dass Ihr Zweifel an der Bekehrbarkeit eines Verbrechers möglicherweise daher kommt, dass in Ihnen selbst ein unstillbarer Drang zum Verbrechen besteht?

Meister Kojun war gerade beim Meditieren, als plötzlich ein Räuber vor ihm stand und sein Geld oder aber sein Leben forderte. Kojun sagte dem Mann, wo er das Geld finden könnte, und er bat ihn darum, noch etwas davon übrig zu lassen, damit er noch seine Steuern zahlen könnte. Außerdem sollte er vor dem Weggehen noch dem Meister für seine Gabe danken. Der Räuber willigte ein und tat, wie es sich Kojun vorgestellt hatte. Einige Tage später wurde er gefasst, und er gestand auch den Raub an dem Zen-Meister. Doch der beharrte darauf, nicht das Opfer des Räubers zu sein, denn er hätte ihm das Geld freiwillig gegeben, und der Mann hätte sich auch dafür bedankt. Nachdem der Gangster seine Gefängnisstrafe abgesessen hatte, kehrte er zu dem Meister zurück, um sein Schüler zu werden.

ZEN-LEGENDE

Klingt zu schön, um wahr zu sein? Sicherlich, die meisten würden wohl nicht so handeln wie Meister Kojun. Und ob die Räuber wohl als Schüler kommen würden, nur weil der Meister sie nicht verpfiffen hat?

Doch das, worum es eigentlich geht, ist, dass der Meister den Dieb nicht verurteilt hat. Woraus nicht folgt, dass man einem Dieb grundsätzlich geben sollte, was er will. Aber Kojun setzt sich ganz einfach realistisch und unvorbelastet mit der Situation auseinander. Mit dem bewaffneten Mann, gegen den er ohnehin nichts ausrichten konnte. Mit der Steuer, gegen deren Fälligkeit er genauso wenig ausrichten konnte. Was liegt da näher, das Geld abzugeben und einen Rest zur Befriedigung der Steuereintreiber zu erbeten. Und dadurch, dass er ja dem Räuber diktiert hat, was bei dem Raub zu tun ist, gibt es keinen objektiven Grund mehr, sich als Opfer zu fühlen.

Typische Spitzfindigkeiten des Zen? Urteilen Sie nicht zu schnell. Denn wenn wir eine Situation wirklich ohne Vorbehalte beurteilen und dementsprechend danach handeln, können tatsächlich Geschichten herauskommen, die sich kein Hollywood-Regisseur schöner ausmalen könnte.

Wenn jemand nicht annimmt, was du sagst,
mühe dich nicht, ihn zur Verstandeseinsicht zu bringen.
Lass dich auf keine Debatte ein. Hör dir seine Einwände an,
bis er den Irrtum selbst erkennt.

EIHEI DOGEN

Selbst wenn es sein sollte, dass das, was Sie gerade in Ihrem Kopf haben, wirklich die Wahrheit ist (was ja keinesfalls sicher ist!), sollten Sie nicht auf Menschen einreden und sie mit rhetorischen Kniffs von Ihrer Meinung überzeugen wollen. Denn erstens ist jeder Akt der rhetorischen Überzeugung ein Akt von Gewalt. Zweitens manipuliert jede rhetorische Taktik letzten Endes am Wahrheitsgehalt einer Sache, oft werden sogar Lügen hinzugedichtet. Drittens sollen die Menschen freiwillig und allein zur Wahrheit finden und nicht mit der Nase darauf gestoßen werden. Denn was haben wir davon, wenn Menschen eine Wahrheit annehmen, nur weil wir sie hartnäckig davon überzeugt haben? Letzten Endes laufen sie ja nur uns nach und nicht der Wahrheit an sich. Und wenn wir ehrlich sind, ist es doch das, worum es den meisten »Überzeugungstätern« geht, die mit rhetorischen Mitteln auf Menschen einwirken: Dass man ihnen folgt und nicht der von ihnen verbreiteten Einsicht. Für den Zen ist das natürlich inakzeptabel.

Ohne die Mitmenschen und ihre Angelegenheiten zu verstehen, kann man sich selbst nicht erkennen.

Miyamoto Musashi

Wer kennt ihn nicht, den alten Satz: »Erkenne dich selbst.« Eigentlich eine korrekte Aufforderung, doch in heutiger Zeit wird sie leider oft in dem Sinne verstanden, dass die Menschen sich egozentrisch auf sich fixieren, penetrant den Blick auf sich selbst und ihre Bedürfnisse lenken und dabei ihre Umwelt vernachlässigen. Gerade in der Esoterik-Szene tummeln sich viele Narzissten, die jeglichen Blick für den anderen verloren haben.

Dabei betonen gerade der Zen-Buddhismus immer wieder, dass wahre Selbsterkenntnis nur möglich ist, wenn wir uns selbst »sterben« lassen, wenn wir also unsere individuellen Eigenheiten hinter uns lassen, um im Weltganzen und damit auch im Mitmenschen aufzugehen. Das heißt: Erst dadurch, indem wir uns dem anderen zuwenden, finden wir zu uns selbst. Selbsterkenntnis hat also nichts mit beharrlichem In-Sich-Gehen zu tun, sondern mit unbedingter Menschenliebe.

善

Verstehen und Lieben
sind nicht zu trennen.
Großes Verstehen
kommt mit großer Liebe.

T'ao Shan

Es klingt so einfach, dass Verständnis und Liebe nicht voneinander zu trennen sind, und doch ist es so schwer nachvollziehbar. Mittlerweile wird in Deutschland jede dritte Ehe geschieden, von den zahllosen nicht-ehelichen Verbindungen, die scheitern, ganz zu schweigen. Dies hat zwei Gründe: Zum einen verstellen sich die Menschen weniger als früher, sie geben sich so wie sie sind, mit allen Haken und Ösen. Daran ist eigentlich nichts Schlimmes. Schlimm ist jedoch, dass sie dem anderen Recht auf Selbstentfaltung nicht in gleichem Maße zugestehen. Sie stehen ihm vielmehr mit großen Erwartungen gegenüber, er soll so weit wie möglich dem nahe kommen, was man sich als Traumpartner vorgestellt hat. Zen betont immer wieder, dass Liebe nur dann eine Chance hat, wenn sie im wahrsten Sinne hoffnungslos ist. Wenn wir also nicht vom Partner erwarten, dass er unserem Idealbild nahe kommt, sondern ihn wirklich zu verstehen suchen. Wie das geht? Seien Sie aufmerksam! Und zwar nicht in dem Sinne, dass Sie einen Strauß Blumen oder ein Auto schenken, sondern sich wirklich auf den anderen einlassen, sich in ihn hineinfallen lassen.

Inhalt

Impressum

Produktion: Medienprojekte, München
Covergestaltung: Katharina Schweissguth, München
Umschlagfoto: Zefa, Düsseldorf; Image Source, Köln

011

ISBN 3-8112-2394-1

5 4 3 2 1